100冊の絵本と親子の3000日

教育出版

はじめに

乳幼児の子育てでは、親子間の心の交流を常に心がけることが大きな課題と考えられます。それが育児でかなり行われていることは事実ですが、それだけでは必ずしも十分ではなく、積極的に実行するとなると、乳幼児とのつきあい方を考える必要があるように思います。

私たちは、こうした討論の中で、親子間での積極的な心の働きのあることが重要と考え、それを実現するためのてだてとして絵本の読み聞かせを取り上げました。

これは、絵本により色や形を与えることに中心的なねらいがあるのではなく、どのような色や形であっても、それを取り上げてことばにするところに重点があります。乳幼児の周りにことばがおかれることが大事で、そのことが、ことばを中心とした発達に望ましい影響を与えると考えるのです。このことの意義は、0歳の乳児を対象としても同様と考えました。

読み聞かせといいますと、一般的には、「感性が育つ」「想像力が育つ」というように、乳幼児の中に何かが育つところに焦点を合わせて考えられています。もちろん、これはこれで結構ですが、私たちは、読み聞かせを行うことの、もっとも基底のところに、親子間の望ましい関係づくりを位置づけ、親子間で楽しい時間を共有する中に、親子の心の交流があると考えました。そして、その実際につ

いての検討を取り上げました。

しかしながら、どのような絵本を対象にしたらよいのかということでは、今までに、よい絵本のリストや解説書は出版されていても、実際の読み聞かせの感想の記録はあまりありません。読み聞かせの影響についての実証的な検討はあまり行われていないのです。

私たちは、当該乳幼児の年齢を一つの目安にして、読み聞かせのあと、どのような感想をもったのか、また取り上げる絵本によってどのような違いがあるのか、といったことに焦点を合わせ、千葉県M市の親子十八組のかたがたの参加を得て、読み聞かせについての実証的な検討を行いました。

この本は、その中から、読み聞かせた絵本とともに親子の感想のいくつかを取り上げ、まとめたものです。

この本をまとめるにあたり、御参加いただいた親子のかたがたに、また編集の労をとられた教育出版の玉井久美子氏に、厚く御礼申し上げます。

平成二十六年六月

福沢周亮
藪中征代

この本ができるまで

子どもに絵本を読み聞かせることについては、いろいろな点からその重要性が指摘されています。0歳から絵本を読み聞かせることによって、小学校に入学してから読書が好きになったり、学力にいい影響を及ぼしたりするということはよくいわれます。また、「ブックスタート」は日本においては、各家庭で絵本を通して赤ちゃんとゆっくり向かい合い、楽しいひとときを共有してほしいという願いが込められた活動として推進されています。

このように0歳の赤ちゃんの時から絵本を読み聞かせることは大切なことであると考えられていますが、読み聞かせにはどのようないいことがあるのでしょうか。そこで、この本を書かせていただいた筆者四名が中心となり、二〇〇六年から現在（二〇一四年）まで約八年間にわたって継続調査を行ってきました。

（これは、以下の研究としてまとめられています。「平成一七～二一年度社会連携研究『連鎖的参画による子育てのまちづくりに関する開発的研究』第二プロジェクト『絵本を介した親子の相互作用に関する縦断的研究』」研究者：福沢周亮・藪中征代・吉田佐治子、「平成二三年度科学研究費補助金基盤研究」研究代表者：藪中征代）

この本は、その八年間の研究でわかったことの一部を紹介するものです。

八年間の研究の内容

この絵本の読み聞かせ研究は、千葉県M市にお住まいの十八組のご家庭の協力があって成立したものです。この十八組の子どもたちは、調査を始める時は平均月齢が九か月でしたが、終了時には小学校三年生になっていました。本当に長い期間を継続して調査に協力してくださいました。

「絵本と子育ての会」と名づけたこの調査には、親子で参加してもらいました。スタッフは、研究者である藪中、吉田、幼稚園教諭経験者である三木、村田です。この四名があらかじめ選択した絵本を、お母さんかお父さんに渡し、わが子に読み聞かせしてもらうのです。約九十分間自由に遊び、会の終わりに、絵本の読み聞かせやわらべうた遊びを、スタッフと親子が一緒にやって楽しみました。ここで読み聞かせに使用した絵本は各家庭に持ち帰り、家庭でも親子の読み聞かせを行ってもらいました。

家庭においても親子で絵本を楽しむ時間を！

本書で紹介した絵本は、「絵本と子育ての会」で実際に読み聞かせを行い、自宅でも親子で読み聞かせてもらった絵本がほとんどです。私たちは、一度に長時間読む、たくさん絵本を読む、という量の経験を求めているわけではありません。ほんの十分間ほどの時間でいいので、家庭でゆったりと心穏やかに、安心して楽しむ時間を作ってほしいと願っています。そんな時間をつくるために、子どもの発達を考えて絵本を選びました。

良質の絵本を子どもたちに、という願いで作られている絵本のリストや解説書は数多く出版されていますが、親子で楽しい時間を過ごしながら、親子がどのように絵本の世界を楽しんできたかという、絵本への誘《いざな》いの本は、あまりありません。

この本では各年齢で読ませたい絵本を紹介していますが、ご自分のお子さんに読むには難しいと思われたり、出版されている絵本リストとは異なっていたりする場合もあると思います。本書は、あくまでも「絵本と子育ての会」に参加していただいた十八組のご家庭の様子やお子さんの発達を中心に構成しています。十八組のご両親には、子どもと一緒にスタッフの読み聞かせを聞く体験をしてもらいました。そんな体験から「絵本を読んでもらうということの楽しさ、絵を見て耳で声を聞くことのすばらしさがわかった」とあるお母さんが話してくださいました。絵本を真ん中においてお子さんをじっくり見つめてほしい、焦らないで子育てを楽しんでほしいという願いで「絵本と子育ての会」を進めてきました。

絵本ダイアリーで家庭での読み聞かせを考える

子どもは絵本を読み聞かせてくれる親との間にどのような関係をつくっているのでしょうか。絵本の読み聞かせの様子をお父さんやお母さんに日記形式で書いていただきました。この「絵本ダイアリー」には、読み聞かせの時の子どもの様子、親の思いなどが書かれています。毎日家庭で行われている、絵本をめぐる親子のやりとりや、そのやりとりを親はどのように考えているかというようなことがつづられています。「絵本ダイアリー」に紹介しました内容は、このようにお父さんやお母さんがたからのご協力で得られた貴重な資料です。この「絵本ダイアリー」をお読みいただいて、「絵本ダイアリー」に出てくる子どもを見つめることでご自分のお子さんの発達を見つめてください。そして、目の前のわが子を見守り、焦らず子育てを楽しんでいただきたい、と願っています。

この本は、ご自分のお子さんの年齢のところをまず読んでいただいてもよいと思います。また、乳幼児期の子育てがすでに一段落ついたかた、絵本に興味関心のあるかた、保育者のかた、これから子育てをしようとするかたは、家庭での親子の絵本を介したやりとりの様子や、発達心理学者や保育関係者がこうしたやりとりをどのように考えているのか、などを読んでいただけたらと思います。

もくじ

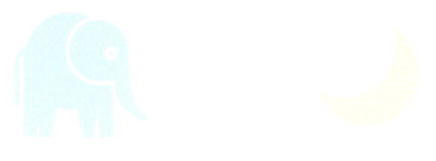

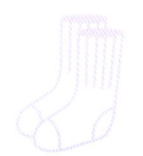

もくじ

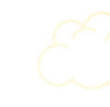

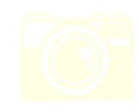

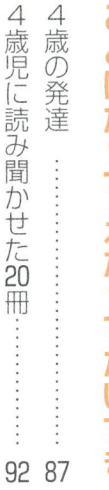

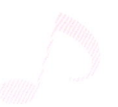

子どもの成長と絵本

1. 絵本とは

「子どもの成長にはなぜ絵本が必要だと思いますか」という質問に、あなたはどのように答えるでしょうか。

①豊かな感性を育てるため
②豊かな想像力を育てるため
③本好き・読書好きにするため
④親子のコミュニケーションのため
⑤頭のよい子に育てるため
⑥文字を覚えさせるため
⑦人の話が聞ける子にするため

　私たちが乳児をもつ親に行ったアンケート調査では、こういった理由があげられました。また、これと同じ調査を五歳児の親にしたところでは、五歳になり文字が読めるようになったのでもう読み聞かせはしない、という親がいることがわかりました。こうした調査結果から、親は子どもの情緒的な発達や知的な発達を期待しつつ絵本を与えているということがわかります。しかし、子どもに絵本を与えればそれだけで情緒や知性が発達するかというと、そういうものではありません。それよりも、絵本を介して親子がことばや音、リズム、絵本を開いている時間を共有することに、子どもに絵本を与える意味があるのです。

　五歳になるとひらがなが読めるようになり、親は一人で早く読めるようになってほしいと期待します。これは自然なことだと思います。でもここで注意してほしいのは、「ひらがなを読めること」と「ことばの意味を理解できること」とは別のこと

であるということです。ひらがなで「にわかあめ」と書いてあれば、五歳くらいの子どもなら拾い読みをします。そこで、「読めた、うちの子は天才！」と思ったりしませんか。ところが、「にわかあめ」と読めることと、それが何のことかを理解することとは別のことです。文字を音に変換できることと、それをことばのまとまりとして理解することの間には大きな隔たりがあります。

ここで保育を目ざしている大学生に「絵本を読んでもらった思い出」について書いてもらったエピソードを紹介します。

愛《あい》さん

絵本を親に読んでもらった経験がありません。私にとって絵本は自分で読むもので、自分で読んでいるといつも母が褒めてくれたことを思い出します。しかし、何の絵本を読んだか、その絵本の内容がどうだったかは、全く思い出せません。

梨絵《りえ》さん

私は、『ぐりとぐら』の絵本が大好きでした。今でも鮮明に思い出されるのは、ぐりとぐらが森の中を歩くシーンを、母が「ぐりっぐらっ、ぐりっぐらっ」と跳ねるようなリズムで歌いながら読んでくれたことです。

二人の学生のエピソードから考えると、絵本は子どもに読ませる本ではなく、おとなが子どもに読み聞かせる本であるといえるでしょう。最初に、子どもの成長になぜ絵本が必要なのかを考えましたが、仮に最初から本好き・読書好きにするためなどといったものを求めてしまいますと、絵本の楽しみ方から外れてしまうということです。

2. 絵本の読み聞かせの効果とは

さて、絵本の読み聞かせは、子どもにとってどのような効果があるのでしょうか。「聞く力を育てる」、「ことばからイメージする力を育てる」、「本に対する興味を喚起する」、「コミュニケーションを促す」などの効果があるから、「読み聞かせはいい」といわれています。しかし、今まで心理学では解明することができなかった、読み聞かせ中の親子の脳の働きを調べる実験で、初めて読み聞かせの効果が科学的に実証されました。それでは、読み聞かせ中の親子の脳の働きについての実験結果を次に紹介します。

子どもの脳の働きは

実験では、読み聞かせを聞いている子どもは、左側の側頭連合野《そくとうれんごうや》が活発に活動していました。側頭連合野は、目に見えたものがいったい何なのかを認識したり、見たものを覚えておいたりする働きをしています。また、ことば（単語）の意味を理解したり、耳で聞いたことば（音韻）を理解したりする働きがあります。

すなわち、この部分にはことばを理解しようとする機能があるのです。
「ことばが理解できない乳児に絵本を読み聞かせてもすぐ飽きてしまうので、まだ早いのではないでしょうか」とか「読み聞かせをしても本当にことばを聞いているのですか」という質問をお母さんがたからいただくことがあります。でも、この実験結果から、乳児もしっかりお母さんが読み聞かせてくれる声を聞いているということがわかると思います。

　さらに、読み聞かせを聞いている子どもの脳では、大脳辺縁系《だいのうへんえんけい》が活発に働いていることがわかりました。大脳辺縁系は、感情、情動に関わる働きをする部分です。「子どもが健やかに育っていくためには、大脳辺縁系がよい働きかけを受け、情動が豊かになることが大切」と秦《たい》羅雅登《らまさと》氏は述べています（『読み聞かせは心の脳に届く』くもん出版・二〇〇九）。大脳辺縁系が活発に働いているということは、読み聞かせを通じて、子どもの感情や情動が豊かに湧きあがっているということです。ここまで書いてくるともうおわかりでしょう。読み聞かせが子どもの豊かな感情を養う役割を担っているのです。

「もう一回！」の秘密

　子どもに絵本を読み聞かせると、「もう一回！」「もう一回！」と子どもの「もう一回」攻撃にあうことがあるでしょう。たった今読んだばか

りの絵本を「もう一回読んで！」とせがまれます。今読んだのだから内容はわかっているのに、なぜでしょう。同じ絵本を何回も読まされるのが嫌なお父さんやお母さんは、「別の絵本にしようよ」と促してみますが、「これがいい！」と子どもは譲りません。なぜ、知っている話を何度も聞きたがるのでしょうか。ここで、読み聞かせてもらっている子どもの脳は情動や感情に関わる部分が活発に働いていたことを思い出してください。すなわち、子どもは感情を動かして、絵本の世界に入り込んでその世界を体験しているからなのです。絵本を理解するためであれば、一回読んでもらえば十分です。しかし、何度も読んでもらいたいというのは、その絵本を読んでもらうということが子どもにとって楽しい体験であるということなのでしょう。

また、長期にわたって繰り返し読んだ絵本に対して、子どもが同じ場面で同じ対話を親と繰り返そうとすることがあります。これは、子どもなりにこだわりをもった場面において、親との安定した対話のパターンを楽しんでいるのです。このように繰り返すことは、安定感を生み出し、親とやりとりをすることの楽しさや、絵本のおもしろさを確認し味わうといった読み聞かせの楽しさを作り出していると考えられます。

親の脳の働きは

今までは、読み聞かせを聞いてい

る子どもにとっての効果について考えてきましたが、読み聞かせをしている親にとっても効果があることが実証されています。読み聞かせをする親の脳では、前頭連合野《ぜんとうれんごうや》（前頭前《ぜんとうぜん》野《や》ともよばれます）が活発に働いていることがわかりました。

　前頭連合野の働きは、思考、創造、意図、情操を司っています。すなわち、物事を考える、新しいものを創り出す、自分の行動や感情をコントロールする、コミュニケーションをとる（ことばで他者と通じ合ったり場の空気を読んだりする）、自発的に自分から何かをやったり自分のことを自分でやったりする、といったことを担当する部分です。

　先の実験で特に活発に活動したのは、前頭連合野の中でも、人とのコミュニケーションをとる時に使われる部分でした。相手に共感したり、相手の気持ちになって考えたりする時に強く働く部分です。親が、読み聞かせをしている子どもの気持ちを考えたり、親自身が絵本の中の主人公になったつもりで読み聞かせをしたりしているからでしょう。親は、子どもと一緒に絵本を楽しみ、子どもの表情を見たり、子どもの気持ちを考えて話をしたりしているということです。こうした親の行為は、子どもの情動に強く働きかけます。そうすることで、子どもの側では情動に関係した脳が強く活動する、という関係性があるのです。

3. 絵本で親子のコミュニケーションを

読み聞かせを考えていくうえで、子どもの発達という視点は欠かせません。子どもが発達することによって、読み聞かせというコミュニケーションも発達していきます。ここでは、私たちの調査で明らかになった読み聞かせの発達的変化についてみていくことにしましょう。

〇歳から一歳頃の読み聞かせ

この時期は、親が絵本の中のいぬを指さしながら「ほら、ほら、こっち見て」（注意を喚起する呼びかけ）と子どもの注意を絵本に向けさせる働きかけをします。そして、「これは何？」（質問）と絵本のいぬを指さして子どもに尋ね、「そう、ワンワンだね」（命名）とそのものの名前を親が示します。すると子どもは「ワンワン」と、親のことばを復唱しようとします。こうした単純な模倣と理解の繰り返しの対話パターン（フォーマットとも呼ばれます）により、親子の会話が成立していきます。このフォーマットは、子どもがものの名前を学習していくことに有効に働いているといえます。

一歳から二歳頃の読み聞かせ

読み聞かせにおける親子の会話は、まずは親主導で行われます。親が絵本の絵を指さして、「これは？」と質問し、子どもが「うさぎさん」と答えると、「そう、うさぎだね」と応答する。すると次第に、子どもから「これは？」と質問することができるようになります。こうして子どもは読み聞かせの会話のパターンを覚え、だんだん能動的に参加するようになってきます。また、絵本のタイトルを読むこと、「はじまり、はじまり」で始まり「おしまい」で終わること、一ページずつページをめくることなども、親の読み聞かせから子ども自身が学んでいきます。

二歳から三歳頃の読み聞かせ

この時期は、静かに黙って読み聞かせを聞くことは少ないようです。親であるなら誰もがとまどった経験があるでしょう。「2．絵本の読み聞かせの効果とは」の中（13〜14ページ）にも書きましたが、子どもは親の声はしっかり聞いています。そして、自分の体全体を使って絵本と関わっているのです。ですから、「うちの子は落ち着きがない」などと諦めないで、お父さん・お母さん自身も子どもと一緒に体を動かしながら絵本の世界を楽しんでください。この経験は、やがて「ごっこ遊び」への発展につながっていくことでしょう。

四歳以降の読み聞かせ

今まで落ち着かなかった子どもが、この頃になると、読み聞かせてくれる親の声を静かに黙って聞くことができるようになります。また、それまでは「くまちゃんどうしたの？」などと絵本の世界についてことばに出して語っていたことを、自分の心の中で感じたり考えたりするようになっていきます。すなわち、今まで親と子どもと本と三者の対話であったものが、本との間の二者の対話、すなわち、心の中での対話に変化していきます。そして、親は本を声に出して読むという、どちらかといえば作者の声の部分を担当する役割を担うようになります。ですから、本と子どもとの橋渡しとしての親の役割は徐々に減っていき、子どもは一人で本の世界に関わっていける読み手となっていくともいえるのではないでしょうか。

そうすると、子どもが一人で本を読めるようにもなってきますので、読み聞かせをしなくなる親も増えてくる時期です。しかし、幼い頃の絵本の読み聞かせは、親と共有した時間と場とふれあいが楽しく温かく、安心感があればあるほど、幼い日の思い出として心に残っていくものです。子どもの心を育てるためにも、読み聞かせはぜひ小学校低学年までは続けていただきたいと思います。

0歳

ちゃんとみてるよ
きいてるよ

0歳の発達

生まれてきたばかりの赤ちゃんは、なんとも小さく頼りなげで、それになんといってもかわいらしくて、「守ってやらなければ」という気持ちにさせられます。赤ちゃんが泣けばついあやしてしまいますし、笑えばうれしくなりますし、何もなくても抱っこしていたいものです。

こうしたことは、実は赤ちゃんの〈戦略〉なのだと考えられています。

赤ちゃんは、ある意味でとても無力です。自分で危険を避けることはできませんし、食物さえ自分で摂《と》ることはできません。ですが、一方ではとても有能です。誰かに世話をしてもらわなければ生きてはいけない存在ですが、その誰かの注意を引きつけ、世話を引き出すための力をもっています。それが、例えば泣くことであったり、笑うことであったり、見た目のかわいらしさだったりするのです。

生まれた時に赤ちゃんは、目が見えています。視力としては弱いもので、焦点が合うのは約二十センチといわれていますが、この距離は、抱っこされた時の、抱っこしている人の顔との距離です。また、耳はおなかの中にいる時から聞こえており、生まれて間もない赤ちゃんでも、お母さんの声を聞き分けることができるといわれています。このことは、赤ちゃんにも記憶能力があることを示しています（もっとも、私たちは大きくなってからこの頃のことを思い出すことはできませんが）。

このように、赤ちゃんには、世話をしてくれる人とコミュニケーションをとる力が備わっています。世話をする人（養育者。多くの場合はお母さんでしょうか）は、赤ちゃんの顔を見たり、あやしたり、話しかけたりしますが、赤ちゃんはそれに応えて、手足を動かしたり、声を出したりします。そして、お母さんはまた、それに応えます。このような母子相互作用、同調現象は、エントレインメントと呼ばれていますが、お母さんと赤ちゃんとの絆《きずな》（この絆を**愛着**と呼びます）を作るのに重要だと考えられています。

０歳児の大きなテーマは、この愛着の形成です。愛着は、だいたい一歳になるまでに作られるといわれていますが、安定した愛着をお母さんとの間に結べた子どもは、お母さんを〈安全基地〉と認識して、そこから活発に外の世界へ〈冒険〉にいくことができます。また、自分自身や他者に対して、肯定的なイメージをもつことができます。そして、こうしたことは、その後の子どもの知的・社会的な発達に、プラスの影響を与えます。

愛着の質を決めるのは、お母さんと子どもとの接触や交流の量よりも、その質であるといわれています。お母さんが日常的に子どもの状態や要求にどれほど敏感であるか、子どもの行動やシグナルにどれほど適切に応えるか、さらには、お母さんの行動が全般的に一貫しているか、こうしたことが重要です。

ここまで、お母さんと子どもとの間の愛着について話してきましたが、愛着は、お母さん以外の人、お父さん、きょうだい、おじいちゃん、おばあちゃんなどとの間にも作られます。しかも、お母さんとの間の愛着と、例えばお父さんとの間の愛着とは、違うこともわかっています。子どもは、さまざまな周囲の人との関係、しかもその人との独自の関係を、同時に作り上げていくのです。

特定の、信頼できる誰かの顔を覚えていく中で、**人見知り**がおきます。生まれてすぐの赤ちゃんは、特に外からの刺激がなくてもほほえみます。生理的なものだといわれています（これは、先にもふれたように、周りの人の注意を引きつける〈武器〉でもあるわけです）。それが、生後二～三か月頃から人の顔に対してほほえむ**社会的微笑**が見られるようになります。社会的微笑は、さらに人の反応を引き出します。最初は、人の顔であれば（生身の人間である必要さえありません）無差別・非選択的にほほえみますが、やがて、見知らぬ顔・見慣れぬ顔には警戒感を示し、八か月頃には恐れの感情を見せるようになります。これが人見知りです。人見知りは、ふだん世話をしている人にとっては時に困ったことでもありますが、よく知っている人、自分の世話をしてくれる人とそうではない人との区別をつけ、愛着を形成していく過程で起きるものなのです。

赤ちゃんは、初めての誕生日を迎える頃、ことばを話すようになりますが、ことばを話せるようになっていく基盤も、やはり愛着です。

ことばを話すための準備は、生まれた直後から始まっています。繰り返しになりますが、赤ちゃんが泣くと、お母さんは赤ちゃんに対応します。赤ちゃんはただ、例えばおなかがすいたから泣いているのですが、その泣き声に対してお母さんは赤ちゃんを抱き上げ、「おなかがすいたのかな？」などと話しかけながら授乳します。もともと、赤ちゃんにはお母さんにおなかがすいたことを伝えようという意図はなかったのですが、お母さんには伝わっています。この時、赤ちゃんの泣き声は〈ことば〉であるといっていいでしょう。また、これも先に述べたことですが、エントレインメントによって、赤ちゃんはお母さんからことばを引き出すことができます。赤ちゃんの泣き声自体も変化します。最初は叫喚《きょうかん》音と呼ばれる声ですが、一か月半～二か月くらいから、喉を使った柔らかい（人間らしい）声になります。この声はおとなにとって〈かわいらしい〉ものであり、おとなからの反応を引き出します。話しかけてもらうということは、ことばを覚えていくうえで重要であることはいうまでもありません。

やがて、いわゆる〈赤ちゃん語〉（**喃語**《なんご》と呼びます）を話すようになります。最初は単純なものから始まり、だんだんと複雑な音になっていきます。一歳前になると、かなり長い、しかも、抑揚などが母語らしい〈文〉をしゃべるようになります。周りのおとなは、意味はわからなくともうまくあいづちなどを打ち、「聞いていますよ」と知らせたいものです。

column

いつ頃から、どのように読んであげるといいのでしょう

赤ちゃんが心地よい状態（おなかがいっぱい・おしりもきれい）の時に、抱っこしたり膝に座らせたりして、赤ちゃんと一緒に絵本を開いてみてください。

書かれていることばやページの順番にはあまりこだわらないで、絵を見ながら語りかけてあげましょう。赤ちゃんは大好きな人が読んでくれること自体がうれしいのです。無理に見せるのではなく、親子で互いのぬくもりを感じながら、絵本を楽しんでください。

赤ちゃんにとって絵本は、手を使ってページをめくると、次々にいろいろなものや形が現れるおもちゃのようなものです。かじったり、乱暴にして破いたりするかもしれませんが、そうして楽しんでいるのです。

ハイハイができるようになったら、好きな時に絵本に触ることができるように、さりげなく赤ちゃんの手の届くところに並べておいてあげるといいですね。好きな絵本をすぐに取り出せるよう、表紙が赤ちゃんに見えるように置くことがポイントです。

個人差はありますが、一〇か月くらいになると、お父さん・お母さんのことばを聞きながら、好きな絵を見て喜んだり、自分でページをめくろうとしたりするようになるので、絵本に関心をもちはじめたのがわかります。

0歳児に読み聞かせた10冊

くっついた
三浦太郎／作
こぐま社　2005

ばいばい
まつい のりこ／作・絵
偕成社　2001

くだもの
平山和子／作
福音館書店　1981

こんにちは
渡辺茂男／文　大友康夫／絵
福音館書店　1980

P.28

ぴょーん
まつおか たつひで／作・絵
ポプラ社　2000

じゃあじゃあびりびり
まつい のりこ／作・絵
偕成社　2001

P.32

いない　いない　ばあ
文／松谷みよ子　画／瀬川康男
童心社　1981

がたん ごとん がたん ごとん
安西水丸／さく
福音館書店　1987

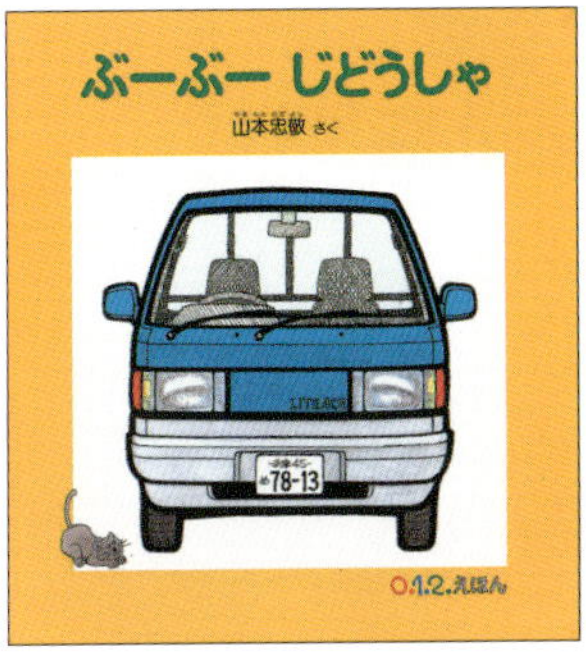

ぶーぶー　じどうしゃ
山本忠敬／さく
福音館書店　1998

いい　おかお
文／松谷みよ子　画／瀬川康男
童心社　1967

絵本選びのヒント

０歳の赤ちゃんの視力は、生後二か月で０・０二程度、一歳頃は０・三程度ですので、輪郭や色がはっきりしている絵本がよいといわれています。また、まるで赤ちゃんの前にいるように、人間や動物が正面を向いて描かれているものがわかりやすいですね。『いない いない ばあ』のような絵本を選んであげましょう。

この時期の聴力は非常に発達しています。絵本を読んでいる時、絵は見ていないようでも読んでくれる声は聞いています。そこで大切になってくるのが、絵本のことばです。リズムのある、子どもにとって身近なことばが書かれている絵本を選んであげましょう。

ぴょーん

BOOK DATA

まつおか たつひで／作・絵
ポプラ社　2000
定価　本体 780 円＋税
16cm × 16cm　36p
ISBN978-4-591-06476-4

かえるが　ぴょーん
こねこが　ぴょーん
いぬが　ぴょーん
ばったが　ぴょーん
うさぎが　ぴょーん
かたつむりが……???

ページをめくるたびに、いろんな生き物が「ぴょーん」と跳びはね、生き物の表情豊かな絵と「ぴょーん」というリズミカルなことばの繰り返しが楽しい絵本です。
　上にめくる本なので、見開きを縦に使った構図で、躍動感がいきいきと伝わり、小さな本ですが迫力満点です。

PICTURE BOOK DIARY

絵本ダイアリー

絵本と子育ての日記

No.1

はるか

9か月

本棚の前で表紙のかえるの絵を指さしている。「あ〜あ〜」とママを呼んでいたので，読んでほしいのかな？　読んでみると喜ぶ。あい変わらず「ぴょーん」は足をバタバタして「キャー」と叫ぶ。

1回読み始めると，2〜3回読まないと気がすまない様子。

No.2

はるか

1歳

『ぴょーん』を持って，あちこち歩く。「『ぴょーん』持ってるの？」と言うと，両手をあげ「ぴょーん」と同じ反応。わかっているのかな？

No.3

たけし

9か月

どうやらこの絵本がお気に入りみたい。絵本を見つけると，まっしぐらに向かっていって，パラパラめくってみたり，かみついてみたり。絵本のあちこちにかみあとがついている。

No.4

たけし

1歳

おばあちゃんに『ぴょーん』を読んでもらったあと，膝を曲げて上に跳ねるようにジャンプした。初めてしたのでびっくり！　楽しそうに何回も繰り返す。

No.5

たけし

1歳3か月

久しぶりに『ぴょーん』を持ってきた。最後の「わたしも…」のところでは，立ち上がって一緒にぴょーんと体を伸ばした。また，絵を見せながら言うと，同じようにするので，「たけしくんもぴょーん」と言うと，にこにこ顔で繰り返していた。

No.6

たけし

1歳11か月

ひさびさに『ぴょーん』を出してきた。読んであげると，声を出して楽しそうに見ていた。かたつむりのところでは，跳べないことがわかっていて，「あーあ」と言い，読み終えると，何回もジャンプし楽しそうだった。

絵本ダイアリーによせて　ひとこと

かえるもうさぎも、本から飛び出しそうな勢いでジャンプします。「ぴょーん」というリズミカルな音が楽しいのでしょう。生後九か月の赤ちゃんも「ぴょーん」のたびに、足をバタバタしたり思いっきり体を伸ばしたりしながら、絵本を目で追っているのがわかります。

　ジャンプの意味がわかるようになると、そのページでは声をあげて笑ったり、拍手をしたり。「ぴょーん」のページを絵本をたたいて催促し、ジャンプすると大喜び。本を高く持ち上げたり、あらら、投げてしまうことも……。きっと「ぴょーん」のつもりなのでしょう。

　自分でもジャンプができるようになると、「ぴょーん」のところでまねをして跳ぶようになるなど、思わず本の中の動物と一緒にジャンプしたくなる本です。

　絵を見せて読むだけでももちろん楽しいのですが、「ぴょーん」に合わせて、本を高くジャンプさせたり、お父さんが読んであげる時には、最後の「○○ちゃんもぴょーん」で子どもを高く持ち上げて「たかいたか〜い」としてあげると大喜びですよ。読むたびにせがまれて大変ですが、お父さんと子どもの距離がグーンと縮まるかもしれません。

いない　いない　ばあ

「いない　いない……」
「ばあ！」
「にゃあにゃが　ほらほら　いないいない……」とねこが目隠ししている絵を見せて、ページをパッとめくると、「ばあ」。ねこが目の前に現れます。くま、ねずみ、きつねと次々に現れては、「いない　いない……ばあ」。
　リズミカルなことばの繰り返しと表情豊かな絵が、子どもの心を捉えます。

BOOK DATA

文／松谷みよ子
画／瀬川康男
童心社　1967
定価　本体 700 円＋税
21cm × 18cm　20p
ISBN978-4-494-00101-9

PICTURE BOOK DIARY

絵本ダイアリー

絵本と子育ての日記

No.1

みな

9 か月

くまさんがお気に入り。何度も同じページをめくったり，戻ったり。

No.2

みな

11 か月

「ばあ！」と自分でも言うようになった。本がなくても，顔を何かで隠して「ばあ！」と言っている時もある。

No.3

だいすけ
1歳

ときどき自分でタオルをかぶっているから，「いないいない……」と言ってみると，タオルを下ろしながら「ばあ！」と言って笑顔になる。

No.4

だいすけ
1歳1か月

一人で「ばあ！」と言いながら楽しそうにねことくまの出てくるページを繰り返し見ている。2～3ページを1度にめくってしまうと，ちゃんと1ページずつめくり直していた。

No.5

だいすけ
1歳2か月

絵本置き場から，「いないいないばあ」と言いながら自分で持ってきた。読んであげると，「いないいない……ばあ！」と言いながら，くまの出てくるページをにこにこ顔で見ている。絵本を閉じて，表と裏を引っくり返しながら「ばあ！」と言って遊んでいた。

No.6

だいすけ
1歳3か月

今までタオルをかぶったりドアの陰に隠れたりして「ばあ！」と顔を出していたが，両手で自分の目をちゃんと隠して「ばあ！」とするようになった。

No.7

だいすけ
2歳6か月

1歳の娘に読んであげようと『いない　いない　ばあ』を出すと，だいすけもそばに来た。だいすけが「いないいない……」と絵本に合わせて自分の顔を隠し「ばあ！」とするのを，妹が見て喜ぶ。それがうれしかったらしく，読み終えてからも何回も「ばあ！」とやってあげていた。

絵本ダイアリーによせて ひとこと

子どもは、ふと気がつくといつのまにか自分でこの本を取り出して、「いないいないばあ！」と言いながらにこにこして見ていたり、お気に入りのページを行きつ戻りつしながら何度も繰り返し見ていたりします。その中で、めくるたびに違う絵が出てくること、つまり、「ページをめくること」と「絵」との関連を発見し、自分で絵を楽しむという絵本との関わりが始まります。

　子どもは、「いないいない……」と言いながら隠れ、「ばあ！」と出てくるという単純な遊びが大好きです。初めは親がやるのを見ているだけですが、「隠れる」、「出てくる」、という期待感やおもしろさがわかるようになると、自分でも始めます。タオルをかぶったり、カーテンにくるまったり、ドアに隠れたり、物を使ったりして、「いないいない……」で隠れ、「ばあ！」で出てくるという遊びを繰り返し楽しみます。

　一歳を過ぎた頃には、自分の目を両手で隠して「ばあ！」とするなど、働きかけてもらう喜びだけではなく、働きかける喜びも感じるようになり、家族とのコミュニケーションも多くなっていきます。

1歳

えほんのなかに
だれかいるよ

1歳の発達

子どもは、一歳の誕生日を迎える頃（あくまで目安です）、初めてのことばを話しだします。しかし、ことばを話すための準備はそれ以前から始まっています。九～一〇か月頃からみられるようになる、もののやりとり遊びはその一つの表れです。例えば、積み木を「どうぞ」「ありがとう。どうぞ」「ありがとう」と、受け取っては渡し、渡しては受け取るということを、延々と続けます（つきあわされるおとなにとっては、少々嫌になってしまうこともあるでしょう）。また同じ頃、**指さし**がみられるようになります。例えば、自分の手が届かないところにあるおもちゃがほしい時、それを指さし、同時におとなを振り返りながら、独特の声を出します。あるいは、何か自分の興味を引くものがあった時、それを指さして、やはりおとなを振り返り、声をあげます。まるで、「見て見て」と言っているようです。こうしたことは全て、ことばを使ったコミュニケーションのための準備といえます。

初めのひと言（子どもが初めて発する意味のあることばを**初語**と呼びます）を話したあと、子どもが話せることばはどんどん増えていきます。最初はゆっくりですが、やがて、急速に増えていくようになります。そうした中で、あることばをとても広い意味で使ったり、逆にとても狭い意味で使ったりということが起こります。例えば、「ワンワン」ということばでさすのが、「四本の足で歩く動物」（広い意味）だったり、「隣の家の秋田犬のポチ」（狭い意味）だったりします。また、一歳半頃までは「ワンワン」のように一語だけで話しますが、一歳半から二歳頃になると「ワンワン　きた」「おおきい　ワンワン」のように二語をつなげて話せるようになります。私たちは、語と語とをつなげて長い文を作っているわけですが、この「ワンワン」から「ワンワン　きた」への変化は、こうした意味でのことばの入り口に立ったものとみることができるでしょう。

　ことばの発達の〈早い・遅い〉は、周りのおとなにとって気になるものです。特に、遅い場合は時に不安になったりします。ことばの発達の早い子は、お母さんのことばをまねすることが多いのですが、遅い子は、こうしたまねもあまりしません。ですが、このタイプの子どもは、ある時期に急激な発達をみせるのです。ことばの初期の発達の様子は、その後のことばの発達に関係ないこともわかっています。ことばを覚えるための道筋はたくさんあるのです。大切なのは、子どもの「話したい」、「通じ合いたい」という気持ちです。

　さて、ことばを使えるようになることは、効率的なコミュニケーションの道具を手に入れたというだけではなく、子どもの思考にも影響を与えます。ことばを用いることで、経験したことや知ったことなどが整理されていきます。そしてそれは、直接経験や「今ここ」以外のことを考えることを可能にします。このような思考ができ始めるのは、だいたい一歳半頃です。

一歳半を過ぎた頃、子どもはまねっこ遊びをするようになります。例えば、お母さんのまねをして鏡の前に座り、ブラシを頭に当てたり、化粧品を顔に塗ったり（危険ですが）します。それを見つけてお母さんはびっくりすることになりますが、こうした遊びができるのは、イメージのようなものが頭の中にあるからです。実は、目の前にいる人のまねをするというのは、生まれてすぐの頃からできるのですが、まねをする人が目の前にいなくても以前のその人の行動をまねるというのは、この頃からなのです。つまり、その人の以前の行動がイメージとして頭の中にあり、今、そのイメージに沿って体を動かしているということです。そしてこのイメージの働きは、ふり遊び・見立て遊び・ごっこ遊びへとつながっていきます。

生まれてから一年と少しの間に、身体面も大きく変化します。生まれた直後は、上を向いて寝ているだけだった赤ちゃんが、やがて首が据わり、寝返りを打ち、一人でお座りができるようになります。はいはいを覚え、立ち上がり、そして歩くようになります。こうした身体面の発達は、子どもの世界を大きく広げます。姿勢の変化は、子どもの見る世界を変えます。自力での移動は、子どもが自分の行きたいところへ自分の力で行くことができるようになることを意味します。そして、歩けるようになると、子どもの世界は、家の中から外へと広がるのです。家の外には、子どもの興味を引くものがたくさんあります。新しい経験が待っています。こうしたことが、ことばや思考の発達をあと押しするのでしょう。

このとき、気をつけておきたいことがあります。それは、子どもが「自分の意思で」、「自分の足で」動くことです。ネコを使った次のような研究があります。ネコを台車に載せ、その台車が引っ張られることで移動している（というよりも、させられている）と、そのネコは、他のネコとは違う奇妙な行動をするようになるというのです。この結果をそのまま人間に当てはめることはできませんが、「自分の意思で」、「自分の足で」動くことの意味を考えさせられるでしょう。忙しい毎日だとは思いますが、たまにはゆっくり子どものペースで散歩してみましょう。そこで子どもと一緒にいろいろなものを見たり経験したりすることで、またコミュニケーションをとることもできるでしょう。コミュニケーションは、意味の共有でもあるのです。

一歳も後半になってくると、いわゆる**自我の芽生え**が認められるようになります。はじめ赤ちゃんは、自分と自分以外の人との区別がついていませんが、だんだん自分と自分以外の人との区別がつくようになってきます。一歳頃には、鏡に映った自分を「自分である」とわかるようにもなります。一歳半頃になると、ことばの発達ともあいまって、自分の気持ちや考えなどをことばにすることができるようになります（これは、自分のことを客観視できるということです）。二歳前後になると、名前と自分自身とが結びつき、名前を呼ばれて返事をしたり、自分を名前で呼んだりします。「自分」という意識がはっきりしだすのです。

column

お気に入りができたかな？ でも……同じ本ばかりでいいの？

一歳になると、自分の身のまわりにいろいろなものがあることがわかってきますので、そんな自分の知っているものを絵本の中に見つけて反応します。身近な食べ物・乗り物・生き物などが描かれている絵本に加えて、本物に近い写実的な絵のものも読んであげるといいでしょう。

絵本は最初から最後まで聞かなくてあたりまえです。無理に最後まで読み聞かせようとしないで、赤ちゃんと遊びながら、ゆっくりと繰り返し読んであげていると、赤ちゃんもだんだんと絵本を楽しめるようになっていきます。興味がなさそうでも心配しなくてだいじょうぶ！　子どもと絵本との出会いは始まったばかりです。

「これなあに？」ときいてきたり、「読んで」と絵本を持ってきたりするのは、相手をしてほしいという合図です。面倒がらずに応えてあげましょう。大好きなお父さん・お母さんとのやりとりを楽しみ、ことばを聞く喜びを知っていくようです。

子どもはお気に入りの本を何度も読んでもらうのが大好きです。大人は「こんなに同じ本ばかりでいいのかな？」、「他の本を読んであげたいのに……」などと思うかもしれませんが、時間の許すかぎり繰り返し読んであげてください。「何度でも読んでもらいたい」という子どもの気持ちを大事にしてあげましょう。

1歳児に読み聞かせた10冊

P.48

きゅっ きゅっ きゅっ
林 明子／さく
福音館書店　1986

ころ ころ ころ
元永定正／さく
福音館書店　1984

たまごのあかちゃん
かんざわ としこ／ぶん　やぎゅう げんいちろう／え
福音館書店　1993

どうぶつのおやこ
薮内正幸／画
福音館書店　1966

おつきさまこんばんは
林 明子／さく
福音館書店　1986

P.44

もこ　もこもこ
谷川俊太郎／作　元永定正／絵
文研出版　1977

かお かお どんなかお
柳原良平／作
こぐま社　1988

コップちゃん
ぶん／中川ひろたか　え／100% ORANGE
ブロンズ新社　2003

のせて のせて
文／松谷みよ子　絵／東光寺 啓
童心社　1969

おててがでたよ
林 明子／さく
福音館書店　1986

絵本選びのヒント

一歳の子どもは、絵本の中の「ぞう」ということばと一緒に「ぞう」の絵をさし示されることで、ことばとものの関係を学んでいきます。ですから、身近なものが描かれている絵本を選んであげましょう。また、『きゅっ きゅっ きゅっ』では、「きゅっきゅっきゅっ」ということばと一緒に現れる、おなかを拭く動作やその時の表情から、このことばの意味や使い方をマスターします。そんな絵本もおすすめです。

　また、この時期の子どもがことばを学ぶ能力は想像以上に高いものです。ことばに興味をもち始めるので、『もこ もこもこ』や『ころ ころ ころ』のようなオノマトペ（擬音語・擬態語）だけで描かれている絵本なども読んであげましょう。

もこ　もこもこ

　青い空と地平線が白みかけてきて……、「しーん」。何もない空間に……、「もこ」。何かが生まれました。
　見開きいっぱいに描かれた、美しい色あいの大胆でシンプルな絵と、子どもの心をくすぐるオノマトペ（擬音語・擬態語）が創り出す、不思議な絵本です。
　「しーん」で始まり、最後も「しーん」となります。そして、「もこ」「もこもこ」、「にょき」「にょきにょき」と続くと、次は何が出てくるのかな？と興味津々、自分もにょきにょき動いているような気分になってきます。ことばがまだ出ていない子どもから楽しめます。

BOOK DATA

谷川俊太郎／作
元永定正／絵
文研出版　1977
定価　本体 1,300 円＋税
28cm × 22cm　29p
ISBN978-4-5808-1395-3

PICTURE BOOK DIARY

絵本ダイアリー

絵本と子育ての日記

No.1

なお

11か月

本が大きくて，なかなか自分でページがめくれず，イライラ。

No.2

なお

1歳

久しぶりに『もこ　もこもこ』を読むと，「ぱく」「もぐもぐ」で口を動かしている。

No.3

なお

1歳4か月

「しーん」のページは，なおちゃんには「しー！」の意味のよう。口に指を持っていき，「しー！」と言っている。

No.4

なお

1歳7か月

「しーん」のページが好きで，最初「しー」だったのが「しーん」になり，声を出して何回もそのページを見たがる。

No.5

なお

1歳8か月

「もこ」，「ぱちん！」，「ふんわふんわ」と，ママと一緒に声を出して読んでいる。絵を見て言葉を覚えているんですね。（まだ字が読めないのだから……）

No.6

けいた
1 歳 1 か月

この本が大好きで，「もこ」のページを見ると，膨らんでいる絵を触ったりたたいたりしている。ママが「もこもこの本ちょうだい」と言うと，ちゃんと絵本の中から選び出して持ってきてくれた。（ちゃんと言っていることを理解しているようでびっくり！）

No.7

けいた
1 歳 7 か月

ママが新聞を読んでいると，目の前で『もこ もこもこ』を見始めた。途中で「ぷうっ」「ぱちん！」と言っているので，様子を見ていると，ちゃんと「ぷうっ」「ぱちん！」のページを開いて見ている。絵で覚えているんだと感心した。

No.8

めい
10 か月

大きさが手頃でいいのか，よく本棚から出ている。でも読んであげようとすると，興味を示さない。もう少し大きくなってからのほうがいいのかな？

No.9

めい
11 か月

今日、初めて『もこ もこもこ』に少し興味を示し，「もこ」，「にょき」を指さした。

No.10

めい
1 歳 8 か月

珍しく『もこ　もこもこ』を持ってくる。「しーん」と読むと「しーん」。ママが言うことばを一生懸命まねしている。

絵本ダイアリーによせて　ひとこと

初めて読んだ時は、「ん？」と思ったり、「変わった本だな」と思ったりするかもしれません。谷川俊太郎さん自身も、「もとながさんは、へんなえばかり、かきます。ぼくはもとながさんのかく、へんなえがだいすきなので、いっしょにこのえほんをつくりました。そうしたら、えほんもすこしへんなえほんになりました。」と書いています。（カバーより）

一面に描かれた美しい色。不思議なことばと絵。絵をゆっくり楽しみながら、ゆったりと「間」をとって読んであげてください。ことばの響きが、子どもの感性にぴったり合うようです。

お気に入りになると、読み終わっても「もう一回！」とリクエストされ、何回も読むことになります。

赤ちゃんの手には本がかなり大きいため、自分でページをめくりたいのに、うまくめくれないことがありますが、本棚からは取り出しやすく、一人で見ていることもよくあります。

「ぱく」、「もぐもぐ」で口を動かしたり、「ぱちん！」で手をたたいたり、ばんざいをしたりするなど、身ぶり手ぶりを加えながらことばをまねるようになり、だんだん絵本の世界に入っていくのがわかります。赤ちゃんからおとなまで、それぞれの年齢に応じて長く長く楽しめる絵本です。

きゅっ きゅっ きゅっ

BOOK DATA ▼

林 明子／さく
福音館書店　1986
定価　本体 700 円＋税
18cm × 18cm　20p
ISBN978-4-8340-0684-1

赤ちゃんと、うさぎさん、くまさん、ねずみさんが仲よく並んで、「おいしいスープ　いただきまーす」。すると、あれれ？　ねずみさんがおなかに、うさぎさんはおててに、くまさんはあんよに、スープをこぼしてしまいます。でもだいじょうぶ。赤ちゃんが「きゅっきゅっきゅっ」とみんなを拭いてあげるという、なんともかわいらしいお話です。

繰り返し使われる「きゅっきゅっきゅっ」という優しい響きが心地よく、自分でスプーンを使って食べ始める頃から楽しめます。

PICTURE BOOK DIARY

絵本ダイアリー

絵本と子育ての日記

No.1

なおと

1歳1か月

『きゅっ きゅっ きゅっ』が大好き！ 「いただきまーす」と「ごちそうさま」で手をパチン。「おなかに　こぼした」ではおなかをポンポン。知っていることを体で表現してくれる。かわいい！

No.2

ゆき

1歳4か月

食事の時はもちろん，お風呂でも，朝の洗面でも，顔を触られるのが大嫌いで，いつも「キャーキャー」。でも，この本を読んでから「きゅっきゅっきゅっ」と言いながら口を拭くと，嫌がらなくなり，食後ティッシュでテーブルを拭いてくれることも多くなった。

No.3

ゆき

2歳

一人で絵本を取り出し，「赤ちゃんがスープ食べてる」，「ねずみさん食べてる」，「うささん食べてる」と話しながら読んでいるのには驚き！　いつの間にか，二語文，三語文で話せるようになっている。

No.4

こうた
1歳11か月

ママのお友達が遊びに来て，絵本を読んでくれた。彼女の膝に座り，じーっと絵を見ている。たまに違う人に読んでもらうのも新鮮でいいかも。読んでもらいながら，くまやうさぎの手や足を拭いたり，自分の口や手をタオルで拭いたりしていた。

No.5

こうた
2歳1か月

一人で見ていた。くまがこぼしてしまうページを見て，「あーあー」とか「あんよこぼした」と言ったり，床にもこぼすのを見つけ，「ここもふくのー」と言ったりしていた。

No.6

こうた
2歳5か月

いつもは妹と一緒にお風呂に入るのに，今日は入らずにいた。妹があがって拭いているところに来て，「きゅっきゅっきゅっ」と言いながら体を拭いてくれた。

夜寝る前に，絵本を見ながら「けいちゃんの体を拭いてあげたね」と言うと，「きゅっきゅっきゅっしたよー」と言っていた。

絵本ダイアリーによせて ひとこと

この本の読み聞かせのポイントの一つはことばのリズムでしょう。「こぼした」と「きゅっきゅっきゅっ」の繰り返しが印象に残ります。「きゅっきゅっきゅっ」という優しくリズミカルな響きが心地よく、拭くという行為の意味と一体化してインプットされるのが、絵本ダイアリーからもわかります。また、一度しか使われていない「おなか」「おてて」「あんよ」「ごちそうさま」が、何回も繰り返される「きゅっきゅっきゅっ」「こぼした」のことばの間に挟まれていることで、かえって印象に残るのも不思議です。

背景の白とオレンジの鮮やかな色づかいで、正面を向いた登場人物の行為がことばと対応して、わかりやすく描かれています。赤ちゃん絵本は、くっきり描かれていることが大切です。

何回か読んであげると、こぼしたのを見て「あ～あ～」と言ったり、絵本の中のスープをこぼした動物をティッシュで拭いてあげたりします。つまり、自分が絵本の主人公の赤ちゃんになった気分で絵本に参加しているのです。

一歳を過ぎて一人でいろいろなことができるようになってくると、自分がお世話をしてあげているようになれるのがいいようです。

2歳

まねっこしたく
なっちゃった

2歳の発達

「魔の二歳児」。こんなことばを聞いたことがあるかたは多いでしょう。また、二歳児とつきあったことがあるかたなら、このことばを実感をもって受け止めることでしょう。

言うことをきかない。何かを言っても「いや!」と拒否をする。「自分で!」と言ってなんでも一人でやりたがる。あげくのはてに失敗する。外に出かける時には手をつなぐのを嫌がる。手をふりほどいて走りだす。自分の要求を押し通す。かなえられないと癇癪《かんしゃく》を起こす……。一緒にいるおとなにとっては、たまったものではありません。いらいらすることもあるでしょう。

通常二～三歳から始まる、こうした「否定」の行動の著しい増加は、**第一反抗期**と呼ばれます。おとなからみると、まさに〈反抗〉なのですが、子どもにとって、これは大きな成長の証《あかし》なのです。

なぜ子どもはおとなに〈反抗〉するのでしょうか。一つめの理由は、移動できること、ことばを使えることなど、子どものさまざまな能力が発達してきているためです。好奇心も旺盛になります。子どもは、それまでできなかったことができるようになり、自信もついてくるのでしょう（おとなからすれば危なっかしいのですが）。二つめの理由としては、そろそろ「しつけ」の時期であるということがあげられます。おとなが子どもを社会的な存在と認め始め、公共のルールなどを守らせようとします。しつけは、多くの場合「いけません」「だめ！」と子どもの行動を制限したり、禁止したりするものです。子どもからすれば、それまで許されていたことが許されなくなった、優しかったおとなが厳しくなった、そんな気持ちになるでしょう。また、子どもは、その行動がなぜいけないのかわかりません（これは、発達上しかたのないことです）。第三に、これがいちばん大きな理由ですが、子どもの自我が発達したことです。自分と自分以外の人との区別がつき、自分と自分以外の人とは異なること、時には対立も起こること、こうしたことがわかり始めているのです。〈反抗〉しないということは、自分と自分以外の人とが違うことを理解していないということです。

　別の視点から考えてみましょう。子どもが親に〈反抗〉できるということは、子どもが親を安心できる相手、安全基地と考えているということでしょう。「言うことをきかないと嫌われる」という不安のある相手には、〈反抗〉できません。「いや！」と拒絶したあと甘えてきたり、手をふりほどいて走りだしたのにびっくりすると急いで戻ってきたり、これも、親が安全基地としてそこにいることがわかっているからです。

　反抗期は、おとなにとっては困った時期、つきあいにくい時期ですが、子どもの成長を喜ぶ気持ちで、余裕をもって受け止めたいものです。

　反抗期についてみてきましたが、一歳後半くらいから、お友達とのトラブルも増えてきます。よくあるのは、ものの所有をめぐるトラブルです。おもちゃをお友達に貸せない。今自分が使っていないおもちゃでもお友達が使おうとするとあわてて取り返す、かといってそのおもちゃで遊び始めるわけでもない。このようなことは、日常的な光景です。親は、相手の子をなだめ、わが子を注意し、情けない気分になることもあるでしょう。もしかしたら、わが子を〈意地悪〉だと思ってしまうかもしれません。ですが、こうしたことも、子どもが「自分」を意識するようになったからです。自分と自分以外の人との区別がつき、「自分」の領域がはっきりしてきます。そこから、ものについても「自分のもの」という意識が出てきます。そのため、他の子が「自分のもの」を使うのを嫌がるのです。もっと小さい赤ちゃんでしたら、「自分のもの」がわかりませんから、誰が使おうと無頓着です。「おもちゃをお友達に貸せない」ということも、成長の一つの表れなのです。そのうちに、お友達ともうまくつきあえるようになります。おとなにできることは、子どもの発達上、自然なことであると理解しつつ、相手の子の気持ちを子どもに伝えるようにすることです。

　おとなからみると〈意地悪〉と思えるような行動が増える時期ですが、同時に、〈優しさ〉や〈思いやり〉を感じさせることも増えてきます。泣いている子を慰めようとしたり、調子が悪そうなお母さんをいたわろうとしたり、お父さんが喜びそうなものをくれようとしたり。ただ、それが的外れであるのはよくあることです。時には、いわゆるありがた迷惑だったり、〈してはいけないこと〉だったりもします。相手のことを思う・気遣うという気持ちは、もっと小さい頃からあるといわれていますが、その気持ちが行動となって表れるのが、運動やことばが上手になってきたこの頃なのです。ですが、〈相手の立場になって考える〉ことは、まだうまくできません。それができるようになり、本当の意味での〈思いやり〉ある行動がとれるようになるのは、もう少し先のことです。

ことばの発達にもめざましいものがあります。二歳前頃から、語と語をつなげた表現ができるようになります。「これなに？」「どうして？」などと質問できるようになって、子ども自身が自分の力でことばの世界を広げていきます。二歳から三歳にかけてを**語彙の爆発期**と呼ぶほどです。三歳頃になると、基本的な文法のルール、助詞や動詞の活用、過去や未来など時を示す表現などがほぼ理解できるようになります。おもしろいのは、子どもがことばを覚えていく時、しばしばまちがった表現（例えば、「昨日、来るだった。」といった言い方）をすることです。おとなは絶対にこのような言い方はしませんから、子どもはただ単におとなのことばをまねして覚えているのではないことがわかります。子どもは、自分で考えながらことばを覚えていくのです。こうしたまちがった表現を躍起になって直す必要はありません。それよりも、子どもの言うことをしっかり聞き、それに応えることが大事です。ことばの発達に何よりも必要なのは、話したい気持ち、通じ合えた自信なのです。

column

ゆっくり、読む・見せる・聞いてあげる

二歳児は目で見たそのままのことばかりではなく、ことばから触発される想像の世界がわかりはじめます。そのため、絵を見ることにもとても集中します。

行動範囲も広がり、ことばも増えていき、絵本の中のできごとを自分の体験と重ね合わせるなど、まるごと一冊の絵本を楽しめるようになってきます。

絵本のことばを聞いて、絵を見て、その絵から何かを発見したり不思議に思ったりすると指をさし、ことばに出して読み手に知らせようとしてきます。その一つ一つを無視せず、受け止めて聞いてあげましょう。

二歳頃になると、ストーリーを楽しむ物語にも興味を示すようになります。でも、今まで大好きだった認識絵本（ものの絵本）、生活絵本（挨拶・生活習慣など生活と結びつく絵本）もたっぷり読んであげてください。やがて、子どもの興味は家の外に広がっていきます。

自然界の様子や、乗り物などを描いた科学絵本にも興味がわいてきます。絵本の楽しみがわかってくると、〈夜寝る前に必ず絵本を読んでから寝る〉など、毎日の生活の中に読み聞かせが位置づけられてきます。

2歳児に読み聞かせた10冊

おふろだ、おふろだ！
渡辺茂男／文　大友康夫／絵
福音館書店　1986

P.60

きんぎょがにげた
五味太郎／作
福音館書店　1982

はけたよ はけたよ
文／神沢利子　絵／西巻茅子
偕成社　1970

がちゃ がちゃ どんどん
元永定正／作
福音館書店　1990

おんなじ　おんなじ
多田ヒロシ／作
こぐま社　1968

どろんこ どろんこ！
渡辺茂男／文　大友康夫／絵
福音館書店　1983

P.64

〈ボード・ブック〉コロちゃんは　どこ？
エリック・ヒル／さく　まつかわ まゆみ／やく
評論社　2004

しゅっぱつしんこう！
山本忠敬／さく
福音館書店　1984

しろくまちゃんのほっとけーき
わかやま けん／作
こぐま社　1972

めの まど あけろ
谷川俊太郎／文　長 新太／絵
福音館書店　1984

絵本選びのヒント

二歳の子どもは、ことばのイメージが大きく育ち始め、体験したことだけではなく、まだ体験していないことにも想像力を働かせられるようになります。そして、想像しながら楽しめる、ストーリーのある絵本を求め始めます。初めは、現実の世界からかけ離れた絵本より、『しろくまちゃんのほっとけーき』のような子どもの日常的な体験を土台として物語が展開する絵本を選んであげましょう。

　また、なんでも自分でやりたがり、「自分で！　自分で！」ということばをよく使います。親の指図や干渉を嫌がるこうした時期に、『はけたよ　はけたよ』のような自分と同じ年齢の登場人物に共感できるような絵本も読んであげましょう。

きんぎょがにげた

BOOK DATA

五味太郎／作

福音館書店　1982
定価　本体 800 円＋税
21cm × 20cm　24p
ISBN978-4-8340-0899-9

金魚鉢から、金魚がするりと逃げ出して、ページがかわると、カーテンの赤い水玉模様になっています。また逃げて、今度は赤いお花に。また逃げて、キャンディーがたくさん入った瓶の中へ。そして蓋の隙間から飛び出して……。シンプルでカラフルな絵の中で、自分と同じような色や形をしたところへ上手に入り込んでしまいます。

「金魚さんどこ行ったかな？」

「あれれ？　いないね～。」

ページをめくりながら金魚を捜していく絵本です。

PICTURE BOOK DIARY

絵本ダイアリー

絵本と子育ての日記

No.1

なな

9 か月

読んであげると，ふと金魚を指さした。いつも「ここにいるよ」と指さしてあげていたが，自分で指さしたのは初めて……。えらい！

No.2

ごう

1 歳 10 か月

「どこに　にげた」と読むと，黙って絵本の金魚を指さす。

電話機のページでは，右手を握りこぶしにして自分の耳にあて，もしもしとお電話のジェスチャーをする。

最後のページで，両手の人さし指を両頬に押し当てて，首をかしげてニコニコのポーズ。

No.3

ようた

2歳

　じーっと聞きながら，絵本の絵を見つめ，「こんどは　どこ」で「ここ！」と言いながら金魚を指さす。

　最後のページは，逃げた金魚を捜そうとせず，「これようちゃんみたい」，「これママ」と気に入った金魚を指さし，裏表紙の金魚を指さしたあと，表表紙に返して大きな金魚を見てほほえむ。

No.4

ひろみ

2歳1か月

「きんぎょが　にげた」と読むと，真剣に捜して「ここ！」と指さす。

「また　にげた」とめくると，「いちご」と指さし，「ほんとだ。いちごの中に隠れたね」と言うと，得意そうに次々と見つけていく。

　最後のページで私が「いっぱいいるね」と言うが，「おんなじ！」と言い，捜そうとしないで終わってしまった。

絵本ダイアリーによせて ひとこと

九か月のななちゃんにもわかる、とてもカラフルでシンプルなお話です。

金魚がいろいろなものに紛れて隠れますが、そのことで「もの」を意識し、「ものと色」を楽しむことができます。じっくり絵を見せてあげてください。金魚がどこにいるか夢中になって捜します。

指さしができるようになる時期に読んであげると、得意そうに金魚を指さします。繰り返し読むうちに、すばやく「ここ！」と指さしながら教えるようになります。何回も読んで、金魚がどこにいるかを知っているのに、見つけて喜び、楽しめるというのも、不思議です。しばらくすると、金魚以外にも知っているものが描かれていることに気づき、指さして、「いちご」「バナナ」と言ったりします。

見つける、追いかける、隠れる、見つけてもらう、などの喜びは〈かくれんぼ〉と同じ世界をもっていて、逃げた金魚を追いかけ、捜し出す繰り返しが、子どもには楽しいのでしょう。年齢や絵本を読む時の気分によって、追いかけて捜す側になったり、逃げて捜される側になったりできるのも、楽しいようです。

「そうさんはどこかな？」などときいてみると、遊びながらことばの幅が広がっていくかもしれません。

〈ボード・ブック〉コロちゃんは　どこ?

BOOK DATA

エリック・ヒル/さく
まつかわ まゆみ/やく
評論社　2004
定価　本体900円+税
16cm × 16cm　22p
ISBN978-4-566-00529-7

ごはんなのにコロちゃんがいません。ママがあちこちコロちゃんを捜しまわりますが、なかなか見つかりません……。

コロちゃんの目線で進んでいくストーリーで、コロちゃんのいそうなドアやたんすの扉が小さな子どもにも開けられるようになっています。

「ここかな?」
「あっ、違う。」
「こっちかな?」
「あれ〜?」

開けるとびっくり! 思いもよらない動物が隠れていたりします。動物たちの表情やせりふもユニークな、めくって楽しむしかけ絵本です。

PICTURE BOOK DIARY

絵本ダイアリー

絵本と子育ての日記

No.1

みく
2歳4か月

ページをめくるのと，しかけとで，みくちゃん大忙し。最初はしかけの部分が上手にめくれなかったが，今ではいいタイミングでペラッとめくってくれる。そして，一緒に「おらんぞー」と楽しそうに声を出している。

ワニが「いないぜ」と言うのを，ことばが悪いかなと思い，「いないよ」と言ったら，「違うよ『いないぜ』だよ」と直されてしまい，パパと二人で大笑いした。

No.2

れい
2歳6か月

毎日出してきて，ちゃんとママが読むのを待ってから，しかけをめくって楽しんでいる。

No.4

れい

2歳8か月

妹に向かって「コロちゃん読んであげる」と言い，読み始めた。「どこいっちゃったの？」「ドアのうしろかな？」「ちがうよ」「とけいのなかかな？」「おりません」と，ちゃんと絵を見せながら読んでいた。ほのぼのとしたところを見られてうれしかった。

No.3

れい

2歳7か月

ママが絵本を読み始めると，れいちゃんは『コロちゃんは どこ？』を出してきて，ママの横で読みだした。

毎日読んでいるので内容を覚えていて，絵本のしかけをめくりながら，「ドアのうしろかな？」「ちがうよ」「かいだんのしたかな？」「おらんぞ」と，一人で楽しそうに読んでいた。

絵本ダイアリーによせて　ひとこと

　作者エリック・ヒルが自分の子どものために作ったお話ですが、大評判になってシリーズ化され、三十年以上、世界中の子どもたちに愛されています。めくって遊ぶシンプルなしかけ絵本で、小さな子どもにも十分に楽しめます。

　しかけ絵本には、普通の絵本にはないおもしろさがあります。それは、ページを開いただけでは何が描かれているかわからなくても、そのページにあるしかけに触ると内容がわかり、触って楽しむことができるということです。慣れるまでは、力かげんやめくる方向がわからず、破れてしまう心配がありますが、二歳過ぎになると、いろいろ覚え、上手にめくれるようになってきます。

　とにかくめくりたい。しかけを楽しそうにめくりながら、何度も繰り返し楽しみます。せりふを言いながら一人でページを繰るようになったり、めくる前に動物を言い当てたり、せりふを先に言い当てたり……。いろんな楽しみ方ができます。

　「二歳でしかけ絵本は楽しめるだろうか？」と迷われているお父さんお母さんもぜひ、お子さんと一緒に楽しんでみてください。

3
歳

なんどでもよんで
なんどでもきかせて

3歳の発達

三歳になると、多くの子どもが本格的な集団生活を経験するようになります。幼稚園や保育園です。幼稚園や保育園では、親とは別のおとな（＝先生）と、初めて日常的に接することになります。これまで一対一での関わりがほとんどだったおとなとの関係が、一対多になります。保育園の場合は、三歳になる前から入園している子どもも多いでしょうが、三歳になると、先生一人あたりの子どもの数が、格段に多くなります。これは、先生をリーダーとする〈クラス〉といわれる集団の中に子どもが入り、その集団のきまりや活動、基準などに自分自身を合わせていくことが期待されているということです。三歳になれば、集団生活ができるようになり、その中での成長が可能だと考えられているのです。

集団生活の中では、子どもどうしの関わりも活発になります。それに伴って、トラブルも起こってきます。二歳までとは違って、例えばおもちゃの取り合いになった時、黙って持っていく、あるいは、黙って取り返す、というようなことは少なくなります。ことばで伝えることができるようになります。ですが、自己主張できるようになったことが、トラブルを引き起こします。トラブルは、お互いが自己主張し合うことによって起こります。仲のよいお友達どうしが一緒に遊ぼうとする時でも、「私は砂場で遊びたい」、「私はブランコで遊びたい」と、「した

いこと」がぶつかり合うと〈けんか〉になります。けんかというとおとなは〈いけないこと〉と思いがちですが、この時期のけんかには意味があります。お互いに意見を言い合い、ぶつかることによって、子どもは「私と私以外の人とでは、考えることが違う」ということがわかってくるのです。また、それでも一緒に遊びたいならどうすればいいのかを考える中で、譲り合ったり、我慢し合ったりして、折り合いをつけることを、少しずつ学んでいきます。

おとなからみると〈仲間はずれ〉に思えるようなトラブルも起こります。何人かのグループで遊んでいて、別の子がその遊びに加わろうとしても拒否するような場合です。一見すると、みんなで〈意地悪〉をしているようですが、これは、グループの内と外という境界ができているからだと考えることができます。そのグループのメンバーであるかどうかには、おそらくなんらかの基準があるのでしょう。そうした場合、そのグループの仲間入りをするためには、〈儀式〉が必要です。「い～れ～て」という独特の節まわしをもつことばがその代表的なものです。そして、グループのメンバー（つまりグループの内側）からの許可を得なければなりません（「い～い～よ」）。

私たちは、「私はこの家族の一員である」、「私は○○という会社の一員である」、「私はこの人たちと友人だ」など、自分がどこかの集団に属していると考えています。「集団に所属したい」というのは、人間の基本的な欲求です。そして、集団が集団としてまとまるためには、集団の内と外、境界が必要なのです。先ほどみたグループ以外の人への拒絶、グループへ入る／受け入れるための儀式は、集団を作り、集団を維持し、集団で行動するための練習なのだとみることができます。

ここまでみてきた、お友達と折り合いをつけること、集団を形づくっていくことなどは、はじめは子どもだけではうまくできません。周りのおとな（幼稚園・保育園の先生だったり、親だったり）の手助けが必要です。ただ「仲よくしなさい」だけではなく、どうすればうまくいくのか、具体的なやり方を示していくことが望まれます。「い～れ～て」も、おとなが「こう言えばいいよ」と教えることによって、使えるようになるのです。

子どもが大きくなり、世界が広がることによって起きるトラブルをみてきました。こうしたトラブルが起こることの根っこには、子どもの知的な発達の段階があります。先ほど、「『私と私以外の人とでは、考えることが違う』ということがわかってくる」と書きましたが、これは逆に言えば、この時期の子どもには、「私と私以外の人とでは、考えることが違う」ということが十分にはわかっていないということです。

小学校へ入るくらいまでの子どもは、おとなにすればなんとも不思議な考え方をします。例えば、同じ量の水でも、入れるコップの形が変わると、中に入っている水の量が変わると考えたりします。あるいは、一つの大きな粘土玉を複数の小さなおだんごに丸めると、重さが変わると考えたりします。また、自分が見ている景色と同じ景色を、自分と向かい合っている人も見ていると考えます。「向こう側から見たら」、「あの人の位置から見たら」ということがわからないのです。

　こうした思考の特徴は、会話にも表れます。三歳児は、かなり上手におしゃべりができるようになりますが、まだ会話はうまくできません。近所の子どもなどと話していて、「昨日、はなこちゃんがお熱だしたの」と言われ、「はなこちゃんって誰？」のように思った経験があるのではないでしょうか。会話は、ただ話せるだけでは成立しません。相手が何を知っているか（知らないか）、相手が何を考えているのか、相手が何を求めているのか、などがわかっていなければならないのです。おとなとの会話でしたら、おとなが補いながら続けますが、子どもどうしではうまくいかないことも多いのです。子どもどうしが楽しそうにおしゃべりしているのをよく聞いてみたら、話が全くかみ合っていないなどということもあります（それでも、片方がしゃべっている時は片方が黙り、話し手が交替しながら進んでいくというルールは守られています）。うまく会話ができるようになるのは、四歳以降だといわれていますが、これは、相手の心の状態を理解できるようになる時期と関係があるのでしょう。

column

繰り返しということ

「いろいろな本の楽しさを知ってほしいのに、毎晩、同じ本ばかり『読んで』と持ってきます。どうしたらよいでしょう。」

こんな質問がありました。41ページでも少しふれましたが、何回も繰り返し読みたいと思うほど好きになった本ができることは、とても喜ばしいことです。

子どもたちは、「次はきっとこうなるよ、ほらね。」と満足感を味わうという楽しみ方をします。一冊の絵本を繰り返し読んでもらっているうちに、気に入った絵に出会ったり、文章の一部を覚えて読み手と声を合わせたりしながら、絵本を楽しみます。繰り返し読んでいくうちに、最初は気づかなかったおもしろさを味わうこともあり、一冊の絵本の読み方が深まっていくでしょう。三歳くらいまでの子どもはこうして絵本の言葉や絵を体の中に取り込んでいるようです。

また、子どもたちが大好きな『おおきなかぶ』や『三びきのやぎのがらがらどん』のように、昔話や民話では必ずといっていいほど同じ場面やできごとが繰り返されます。そしてその多くは、三回の繰り返しから成っています。このことも、物語の構成のパターンの一つとして知っておきたいものです。

3歳児に読み聞かせた20冊

とこちゃんはどこ
松岡享子／さく　加古里子／え
福音館書店　1970

どうぶつのおかあさん
小森 厚／文　薮内正幸／絵
福音館書店　1981

わたしのワンピース
にしまきかやこ／作
こぐま社　1969

ぞうくんのさんぽ
なかの ひろたか／さく・え　なかの まさたか／レタリング
福音館書店　1977

のろまなローラー
小出正吾／さく　山本忠敬／え
福音館書店　1967

はらぺこ あおむし
エリック・カール／作　もり ひさし／訳
偕成社　1989

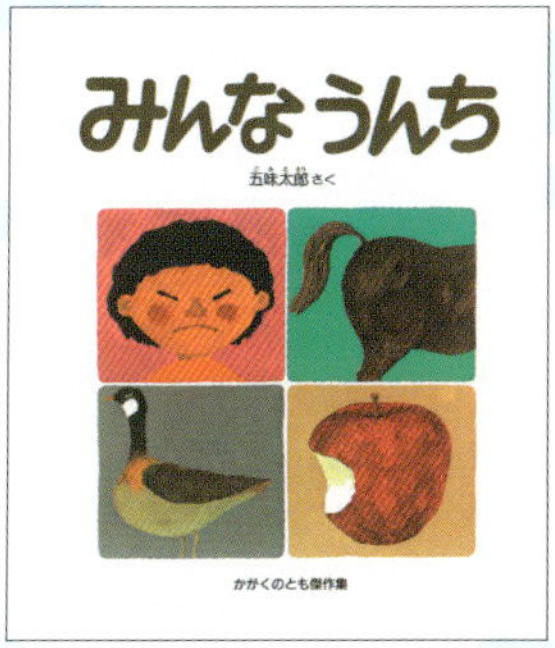

みんな　うんち
五味太郎／文・絵
福音館書店　1981

P.78

三びきのやぎのがらがらどん
マーシャ・ブラウン／絵　せた ていじ／訳
福音館書店　1965

くまさん くまさん なにみてるの？
エリック・カール／絵　ビル・マーチン／文
偕成社　1998

P.82

ちいさなねこ
石井桃子／さく　横内 襄／え
福音館書店　1967

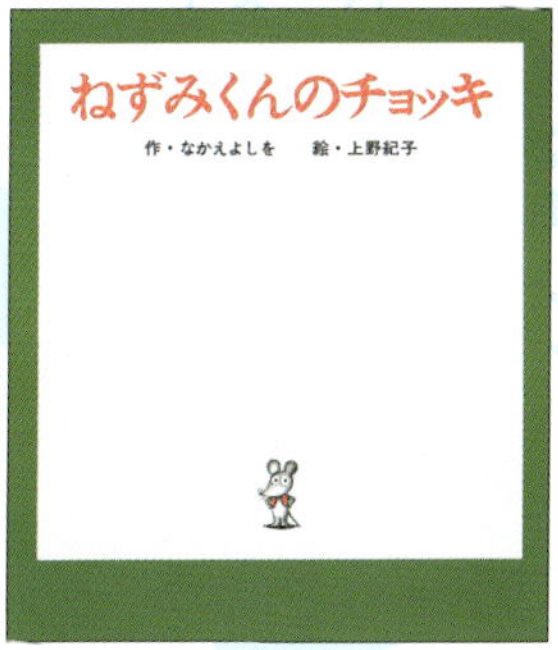

ねずみくんのチョッキ
作／なかえ よしを　絵／上野紀子
ポプラ社　1974

きょだいな きょだいな
長谷川摂子／作　降矢なな／絵
福音館書店　1994

おおきなかぶ
A. トルストイ／再話　内田莉莎子／訳　佐藤忠良／画
福音館書店　1966

ぐりとぐら
中川李枝子／文　大村百合子／絵
福音館書店　1967

そらまめくんのベッド
なかや みわ／作・絵
福音館書店　1999

おでかけのまえに
筒井頼子／作　林 明子／絵
福音館書店　1981

絵本選びのヒント

三歳の子どもは、ことばの発達が著しく、一千語ほどのことばを駆使して、自分の思いを相手に伝えようとします。絵本を見ながら、知っていること、思いついたこと、感じたことなど、たくさんおしゃべりをします。

この時期、身近な生活の中のことをだんだん理解できるようになります。と同時に少しずつ、自分が絵本のお話の世界に入り込んで、思わず体を動かしたり、絵本の中のことばを話したりするようになります。

また、繰り返しのあるお話の絵本をおもしろがって見るようになります。これは、「つぎは、また○○になるよ」「やっぱりそうだった」ということを楽しんでいるのです。

そんな三歳の子どもには、『わたしのワンピース』や『三

ちびゴリラのちびちび
作／ルース・ボーンスタイン　訳／岩田みみ
ほるぷ出版　1978

かばくん
岸田衿子／さく　中谷千代子／え
福音館書店　1966

ねぇ どっちがすき？
安江リエ／文　降矢奈々／絵
福音館書店　2003

もりのなか
マリー・ホール・エッツ／文・絵　まさき るりこ／訳
福音館書店　1963

びきのやぎのがらがらどん』、『おおきなかぶ』など、お話の展開がはっきりしていて、子どもがハラハラドキドキしながら絵本の世界に入り込んでいけるような絵本に出会わせてあげましょう。

たとえば、子どもが自分のことばで『三びきのやぎのがらがらどん』の「トロル」になりきって話している時には、おとなも一緒に子どものお話につきあい、楽しんで遊んであげるといいのではないでしょうか。

『わたしのワンピース』では、たった一枚の布地にいろいろな色や柄が広がっていきます。背景がワンピース柄になるのは、「現実にはありえない、でもありえないからおもしろい」ということを子どもがわかってくるから楽しいのです。このような絵本で、寝る前のひととき、お子さんとのやりとりを楽しみましょう。

三びきのやぎのがらがらどん

BOOK DATA

マーシャ・ブラウン／絵

せた ていじ／訳

福音館書店　1965

定価　本体 1,100 円＋税

26cm × 21cm　32p

ISBN978-4-8340-0043-6

昔、三匹のやぎがいました。三匹のやぎの名前はどれも「がらがらどん」。ある時、三匹は山へ草を食べに出かけました。ところがその途中で、恐ろしいトロルが住んでいる橋を渡らなければなりません。

はじめに小さいがらがらどんが、「もう少し待てばもっと大きいやぎが来るから」と無事に通り抜けます。次に通った二番めのがらがらどんも、同じようにして渡ります。

さて、最後にやってきた、たくましい角と強いひづめをもつ大きながらがらどんは……。

PICTURE BOOK DIARY

絵本ダイアリー

絵本と子育ての日記

No.1

はるか

「これ読んで」と持ってきたので読むと，私の顔や声に驚いて「やっぱりこわいね」と言う。読んでいるとつい力が入ってしまう。少し気をつけよう。

数日後，置いてあった洗濯物のバスタオルにくるまって，「だれだあ～，おれのはしをほちょほちょさせるのは～」と言い，そのままくすぐりっこになってしまった。

絵本のことばをこんなところで言ったので，びっくりしたが楽しかった。

No.2

たけし

トロルがやっつけられてしまった場面の絵をじっと見て，「これは手，これは真ん中のところで，これは鼻」とつぶやいていました。

No.3

なおと

幼稚園で「三びきのやぎのがらがらどん」ごっこをしたと言って，「一緒に読もう」と持ってきた。「トロルはぼくがやる」と，ほぼ完璧にトロルの部分を声に出していた。

母親がやぎの役で，絵本を見ながら劇遊びのように楽しんだ。小さいやぎは小さい声で，大きいやぎは大きい声でと注文を出され，なおとのトロルは，なおとなりに怖い声を出していた。最後までやると満足そうに笑っていた。

絵本ダイアリーによせて ひとこと

三歳の子どもたちにとってトロルは、本当に怖い存在のようです。それでも「読んで」と持ってきます。親や身近な保育者（信頼できるおとな）の声を通して聞くので、安心して物語の楽しさを味わうことができるのでしょう。保育園や幼稚園の場合は、お友達と一緒に聞くことで、その怖さを楽しみに広げられるということもあるかもしれません。

子どもは、繰り返されるやぎとトロルのやりとりのおもしろさや、小さいやぎから大きいやぎへ、だんだんとクライマックスに近づいていく醍醐味を、幼いながらに味わっています。絵本ダイアリーのなおとくんは、それを十分わかっていて、母親にそれを表現するよう要求し、自分でもトロルになりきって声を出しています。

しかし、あまりおおげさに演じてしまうと、絵本から読んでいる母親の顔へと子どもの注意がそれてしまいます。絵本ダイアリーのはるかちゃんの母親も、それに気がつき、少し控えるようにしたといいます。

大げさに演じなくとも、大きいやぎの顔がページいっぱいに描かれた絵によって、子どもはその迫力を感じることができるでしょう。小さく弱い存在のやぎが知恵によって危機を乗り越えるというこのお話は、子どもへの応援となるでしょう。

ちいさなねこ

BOOK DATA ▼

石井桃子／さく
横内 襄／え
福音館書店　1967
定価　本体 800 円＋税
19cm × 27cm　28p
ISBN978-4-8340-0087-0

家の中でお母さんねこと一緒にいた子ねこが、お母さんねこが見ていない間に外へ飛び出します。子どもに捕まったり、自動車にひかれそうになったりしますが、なんとかすり抜けます。しかし、大きな犬に追いかけられ木の上に登ると、犬がその下に座りこんでしまい、動けなくなってしまいました。

でもだいじょうぶ。お母さんねこが、子ねこの鳴き声を聞きつけて、助けにきてくれるのです。

PICTURE BOOK DIARY

絵本ダイアリー

絵本と子育ての日記

No.1

けいた

　ちいさなねこが犬の鼻をひっかいて逃げるところにくると，「ねこ，小さいのに強いんだねえ」と言った。

　けいたが好きなのは，お母さんねこが助けに行くところ。子ねこを口にくわえておりてくるところでは，読むたびに「ねこ，痛くないんだよね」と確認し，絵をじっと見ていた。

No.2

めい

めいは，幼稚園に行く時など母親を振りきって一人で歩き出そうとします。先日も道路に飛び出し，ひやりとさせられたので，この本は母親と離れると危ないことを教えるのにちょうどいいと思って読みました。

めいは息をのむように黙って聞いていました。読み終わってから，「お母さんと一緒にいないと危ないよ」と話すと，「うん」とうなずいていました。

しかし，その後も同じようなできごとがあったので，絵本のお話は効きめがないんだと思いました。

それでも，めいはこの本が大好きみたいです。昨日は私が家事をしている間にこの本を持ち出し，ぬいぐるみを集めて，自分が読み手のようにしてぶつぶつつぶやいていました。

絵本ダイアリーによせて　ひとこと

二歳から三歳の子どもには、一人でなんでもやってみたいという欲求があります。それは成長したいという本能のようなものともいえるでしょうか。そんな子どもにぴたりと重なる、小さな冒険のお話です。

　事実だけを語る無駄のないことばは、子どもをお話の世界に引き込んでいきます。自動車にひかれてしまいそうな場面では、「ひかれないで　よかった！」と子どもの気持ちに応えてくれます。そして無事に母親のところに帰るという結末は、どきどき、はらはらしてお話を楽しんだ子どもに安心感と満足感を与えてくれるでしょう。

　おとなはともすると、絶好のしつけの絵本と捉え、「お母さんが見ていない間に飛び出したからこんな怖いことになってしまうのよ」、「だから言うことをきかなくてはだめよ」と、念を押してしまいがちです。しかしめいちゃんの母親は、繰り返し読んでいくうちに、子どもは子どもなりにこの本を受け止めていることに気がつき、本を使ってしつけをするのをやめたということです。子どもは、子ねこに自分を重ねてはらはらどきどきと物語を楽しむ中で、十分に貴重な体験をしています。ことばにならなくとも、すぐに行動に移すことができなくとも、予想以上にわかっていると、子どもを信頼したいですね。

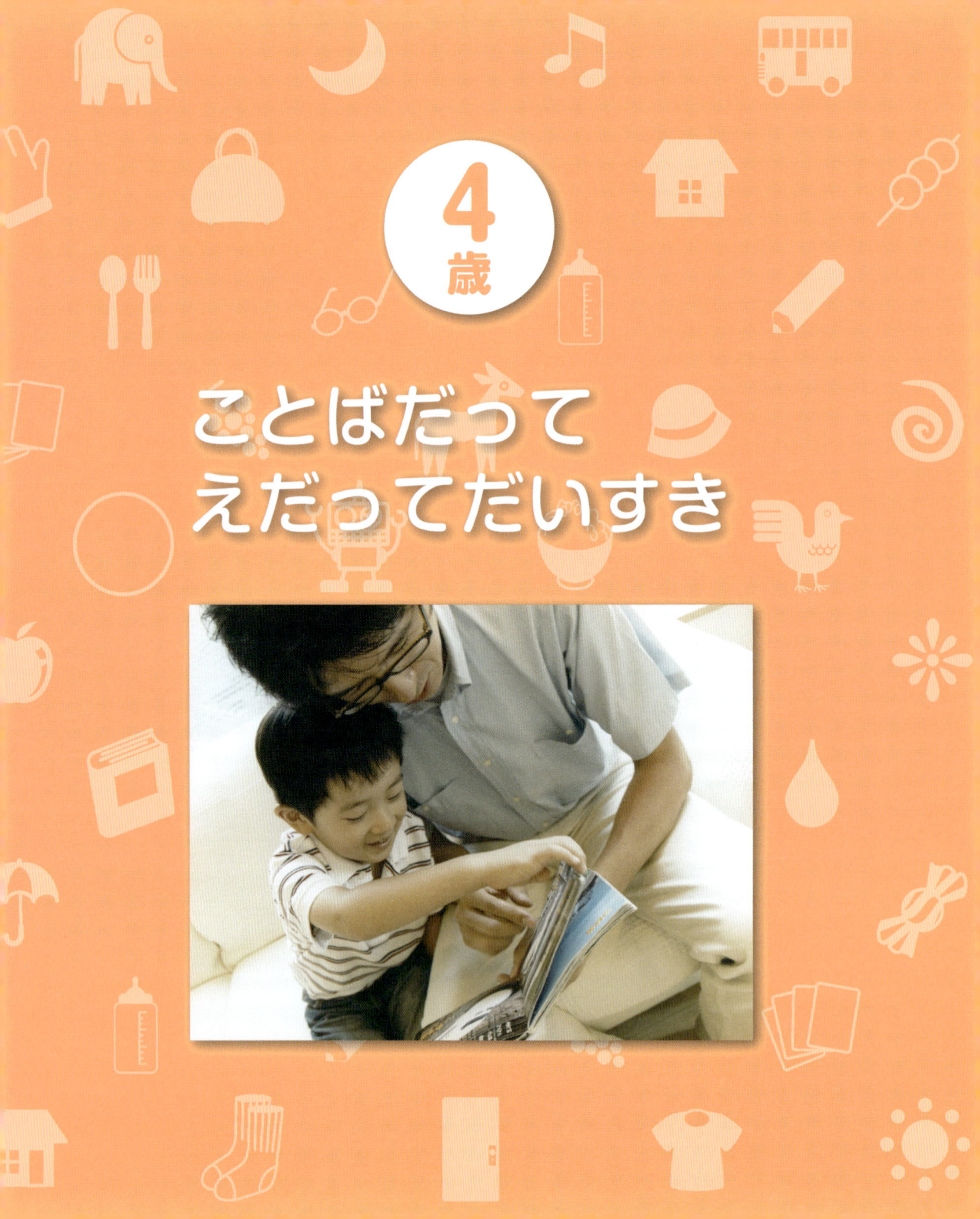

4歳

ことばだって えだってだいすき

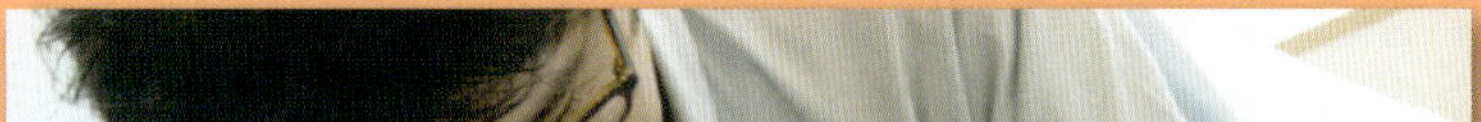

4歳の発達

たろうくんは、食べきれなかったおやつのチョコレートを戸棚にしまい、公園に遊びに行きました。

お母さんがご飯の支度をしていた時に、戸棚のチョコレートを見つけました。お母さんは、お料理に少し使ってから、チョコレートを冷蔵庫にしまいました。

さて、公園から帰ってきてチョコレートを食べようと思ったたろうくんは、どこを探すでしょうか？

正解は、「戸棚」です。おとなにとっては「ひっかけではないか？」と疑いたくなるほど簡単な問題です。しかし、この問題に対して、四歳になる前の子どもの多くは、「冷蔵庫！」と答えます。自分自身はチョコレートが冷蔵庫にあるとわかっていて、しかしたろうくんが探すのは戸棚であると正しく答えられるようになるのは、四歳になってからです。

この問題に正答するためには、「たろうくんは、チョコレートが戸棚から冷蔵庫に移動したことを知らない」ということがわかっていなければなりません。四歳前の子どもは、このことがわからず、自分が知っていること（チョコレートが冷蔵庫に移動したこと）は、たろうくんも知っていると考えてしまいます。四歳になってようやく、自分が考えている（知っている）ことと自分以外の人が考えている（知っている）ことは違う（場合もある）、ということがわかるのです。

こうして、自分と他人とでは考えていることが違うということ、いわば「他人の心の状態」が理解できるようになってはじめて、「相手の立場に立って考える」ことができるようになります。そして、この「相手の立場に立って考える」ことは、人間関係を円滑に進めていくうえで大変重要なことです。私たちは、相手を喜ばせようとしたり、不快にしないように気を遣ったりします。これができるのは、「こうしたら相手は喜ぶだろう」、「こう言ったら相手は不愉快になるだろう」ということが推測できるからです。不運なめに遭った人に対して、一緒に悲しんだり慰めたりできるのも、相手の立場になって考え、相手の気持ちを察することができるからです。「2歳の発達」の中で、二歳児には思いやりの気持ちはあるものの、実際の行動は的外れなものになりがちであることを述べました。四歳になり、相手の立場になって考えることができるようになってはじめて、本当に相手のことを考えた、真の思いやり行動がとれるようになるのです。

もちろん、四歳になった途端、相手の立場になって考えられる、他人の心が理解できるようになるわけではありません。ここにくるまでの間、周りのおとなは「自分だったらどう思う?」、「あの子はどんな気持ちかな?」と繰り返し問いかけてきたことでしょう。こうした周りの働きかけの中で、少しずつわかるようになってきたのです。「相手の立場に立って考える」ことは、おとなにとっても難しいことです。さまざまな経験をしながらゆっくり育っていくのを見守り、あと押ししたいものです。

さて、心の状態が違うのは、自分と自分以外の人との間だけではありません。自分自身の中でも変化します。やはり四歳前の子どもの多くは、今の自分と過去の自分の考えが違うということがわかりません。ほんの数分前にはじめて知ったようなことも、最初から知っていたと思ってしまいます。四歳になって、「さっきは知らなかったけれども、今は知っている」というように、過去の自分と今の自分の区別がつくようになります。

つい先ほどまで「Aだ!」と言っていた子どもが、実はBだったということを知ったあとで、「はじめからBだと思っていた」などというのを聞くと、おとなは「何を言っているのだ」と少々しらけたような気分になります。「うそをつくな!」と腹立たしくなるかもしれません。ですが、子どもは決して自分を繕ったりうそをついてごまかしたりしようとしているわけではないのです。

〈うそ〉といえば、子どもはしばしば、おとなからみた〈うそ〉をつきます。四歳くらいまでの子どもの話には、空想と現実とが入り交じることがよくあります。また、他の人からの情報に引っ張られたり、誘導されたりもしやすいのです。その結果、子どもの言うことの中には「本当ではないこと」が含まれ、〈うそ〉をついているように見えます。ですが、これらの〈うそ〉は意図的なものではなく、子どもの知的な発達がまだその段階にあることによるものなのです。

一方で、子どもは自分で〈うそ〉だとわかっている〈うそ〉をつくこともあります。こうした〈うそ〉は多くの場合、自分を守る時に出てきます。例えば、コップを割ってしまった、壁に落書きをしてしまった、という時に、子どもはとっさに「やってないもん！」、「私じゃないもん！」などと〈うそ〉をつきます。他人の心の状態がわかるようになってくると、「お母さんがいないときに○○ちゃんが……」と巧妙（？）な〈うそ〉をつけるようにもなります。子どもがこのような〈うそ〉をつくということは、自分のしたことが〈悪いこと〉だとわかっているということです。それで、叱られないように〈うそ〉をつくのです。昔からよく、「うそをつくのは知恵がついた証拠」などといわれますが、確かにこうした〈うそ〉は、子どもが成長したからだといえるでしょう。「〈うそ〉はいけない」と教えることはもちろん大切ですが、「この子も大きくなったなあ」と思いながら、余裕をもって受け止めることも必要でしょう。同時に、自分を守る〈うそ〉をつかせてしまうという状況について、少し考えてみることが大切かもしれません。

ときに〈うそ〉は楽しいものでもあります。〈うそ〉の掛け合いで楽しむこともあるでしょう。それに、なんといってもごっこ遊びは、まさに〈うそ〉のかたまりではありませんか。

column

絵本の絵について

小さい子どものための絵というと、動物などをかわいらしく描いた、明るくカラフルで子どもの目をひくものと考えがちです。

ある女の子は、『おおかみと七ひきのこやぎ』が大好きになりました。保育園の貸し出しの際、借りようとしましたが、他の子が借りていて借りられませんでした。翌週の貸出日にも借りることができませんでした。そこで担任の先生が、他の『おおかみと七ひきのこやぎ』を貸してあげようと言ってくれましたが、承知しませんでした。この子はフェリクス・ホフマンの絵の『おおかみと七ひきのこやぎ』（福音館書店）でなければならなかったのです。先生の薦めてくれた本の絵は、やぎたちの目がぱっちりと描かれ、明るい色彩のかわいらしい絵でした。一方ホフマンの絵は、抑えた緑色が少しだけ配してありますが、ほとんど白黒の線で描かれ、子やぎたちも擬人化されていません。しかし家の中の描写などが細かく描かれ、物語の世界を丁寧に表現しています。

子どもは〈かわいらしさ〉や〈カラフルさ〉だけを求めているのではありません。絵本を選ぶ時は、絵とことばが補いあって物語の世界をしっかりと表現しているもの、表面的なかわいらしさでなく本当に美しいものを選びましょう。『絵本の世界 110人のイラストレーター』（福音館書店・一九八四）は、絵本の絵の美しさとは何かを私たちに教えてくれます。

4歳児に読み聞かせた20冊

ももたろう
松居 直／文　赤羽末吉／画
福音館書店　1965

ぐるんぱのようちえん
西内ミナミ／さく　堀内誠一／え
福音館書店　1966

P.100

てぶくろ
エウゲーニー・M・ラチョフ／絵　うちだ りさこ／訳
福音館書店　1965

P.96

どろんこハリー
ジーン・ジオン／ぶん　マーガレット・ブロイ・グレアム／え
わたなべ しげお／やく
福音館書店　1964

ラチとらいおん
マレーク・ベロニカ／文・絵　とくなが やすもと／訳
福音館書店　1965

3びきのくま
トルストイ／文　バスネツォフ／絵　おがさわら とよき／訳
福音館書店　1962

かいじゅうたちのいるところ
モーリス・センダック／作　神宮輝夫／訳
冨山房　1975

14 ひきのあさごはん
さく／いわむら かずお
童心社　1983

ティッチ
パット・ハッチンス／作・画　石井桃子／訳
福音館書店　1975

きつねとねずみ
ビアンキ／さく　内田莉莎子／やく　山田三郎／え
福音館書店　1967

ガンピーさんのふなあそび
作／ジョン・バーニンガム　訳／光吉夏弥
ほるぷ出版　1976

ゆうちゃんのみきさーしゃ
村上祐子／さく　片山 健／え
福音館書店　1999

しょうぼうじどうしゃ　じぷた
渡辺茂男／作　山本忠敬／絵
福音館書店　1966

よかったね ネッドくん
作者／レミー・シャーリップ　訳者／八木田 宜子
偕成社　1997

はなをくんくん
ルース・クラウス／文　マーク・シーモント／絵　きじま はじめ／訳
福音館書店　1967

三びきのこぶた
瀬田貞二／やく　山田三郎／え
福音館書店　1967

絵本選びのヒント

四歳の子どもは、ことばの力がいちばん育つといわれています。これは、話しことばの一応の完成期に入り、日常生活で困らないだけの語彙（二千語程度）を獲得し、自分の思いを親やお友達に伝える力をもつようになってくるからなのです。自分の体験から、感じたことや考えたことを人に伝えることができるようになります。

『かいじゅうたちのいるところ』は、この時期に子どもに出会わせたい一冊です。絵本の主人公マックス坊やが、罰を受けて部屋に閉じ込められているうちに、自分が作り出したお話を展開させて楽しんでいく世界です。船で「かいじゅうたちのいるところ」にたどり着いたマックス坊やがかいじゅうたちの王様になる話に、子どもたちは共

おだんごぱん
瀬田貞二／訳　脇田 和／絵
福音館書店　1966

あおくんときいろちゃん
作／レオ・レオーニ　訳／藤田圭雄
至光社　1967

だるまちゃんとてんぐちゃん
加古里子／さく・え
福音館書店　1967

おおかみと七ひきのこやぎ
フェリクス・ホフマン／絵　せたていじ／訳
福音館書店　1967

感したり少し怖がったりしながらも、「読んで！」と自分から絵本を持ってきます。四歳の子どもたちには、このように安心してファンタジーの世界に没頭して楽しめる絵本を選んであげましょう。

また、文字に興味が出てくるようになる四歳の子ども。自分で声に出して読むこともあるかもしれません。それを見て、「読み聞かせより、自分でどんどん読ませたほうがよいのでは？」と感じることもあるでしょう。しかし、まだまだ文字を追っている段階。一人で読んでお話を理解するのは難しいです。

こんな時期におすすめの一冊は『よかったね ネッドくん』です。ピンチとチャンスが交互に出てきます。そんなルールがわかったら、親子でピンチとチャンスの場面を取り入れて自分たちの『よかったね ネッドくん』を作ってみませんか。

どろんこハリー

BOOK DATA

ジーン・ジオン／ぶん
マーガレット・ブロイ・グレアム／え
わたなべ しげお／やく
福音館書店　1964
定価　本体 1,200 円＋税
31cm × 28cm　32p
ISBN978-4-8340-0020-7

黒いぶちのある白い犬ハリーは、お風呂が大嫌い。お風呂の準備が始まると、ブラシを裏庭に埋めて逃げ出してしまいます。

外へ出たハリーは、思いきり遊びます。どろんこ遊びをしたり、石炭トラックで遊んだりしているうちに、黒いぶちのある白い犬から、白いぶちのある黒い犬に変わってしまいました。

家へ帰ってきましたが、家族にはハリーだということがわかりません。芸を披露して見せますが、これはハリーではないと言われてしまいます。困ったハリーが思いついたのはなんだったでしょう。

PICTURE BOOK DIARY

絵本ダイアリー

絵本と子育ての日記

No.1

こうた

こうたは別にお風呂嫌いではないのですが，なんだかこの本が好きなようで，よく持ってくる。どろんこになって遊ぶところは，「わあー」と言いながら笑って見ていた。

家の人がハリーとわからないところでは，「わかるでしょ，ハリーだよねえ」と私に向かって言っていた。

No.2

みな

犬が大好きなので，最初から親しみを感じたのか，うれしそうに見ていた。

読み終わると「ハリー，おふろ好きになったかなあ」とつぶやいていた。

No.3

ももか

ハリーが遊んでいるうちに汚れていっていることに，最初はあまり関心がなかった（気づかなかった？）が，何回か読んでいるうちに，ハリーの体の色がだんだん汚れていくことをおもしろがるようになってきた。

前のページに戻ったりしながら，絵を見比べていた。

「こんなに汚しちゃだめだよねー」と私の顔を見て言ったので，ふだんうるさく言いすぎているのかなあと，ちょっと反省。

絵本ダイアリーによせて ひとこと

『どろんこハリー』が五十年近くもの間子どもたちに愛され続けているのは、主人公のハリーが、親しみやすく愛されるキャラクターだからではないでしょうか。真っ黒に汚れながら思いきり遊ぶハリーの姿は、いろいろなことに興味をもち、おもしろいことをしたい、遊びたい、という子ども本来の欲求にぴったりと重なるのでしょう。

絵本ダイアリーのこうたくんは、前半部分はどろんこになって思いきり遊ぶハリーに共感してお話を聞き、後半部分は家族に認めてもらえないハリーの災難をはらはらと心配しています。

家族から離れて出かけ、いろいろな所で思いきり遊び、家に入れてもらえないという事件に出会い、最後はいちばんほっとできる場所で終わるという構成は、まさに起承転結という形です。幼い子どもにとっては、この最後の結末が、物語を聞いた満足感とつながります。

最初のページには、『どろんこハリー』というタイトルとともに、風呂場でブラシをくわえている絵が描かれています。この、表紙をめくるとお話が始まっているという構成も楽しい本です。

てぶくろ

BOOK DATA

エウゲーニー・M・ラチョフ／絵
うちだ りさこ／訳
福音館書店　1965
定価　本体 1,000 円＋税
28cm × 23cm　16p
ISBN978-4-8340-0050-4

雪の降る森の中、おじいさんは、手袋を片方落として、気づかず行ってしまいます。

ねずみがそれを見つけて、中に潜り込みました。かえる、うさぎ、きつね、おおかみ、いのししとやってきて、暖かそうな手袋にどんどん入っていきます。最後はくままでやってきました。手袋はぎゅうぎゅうづめです。

そこへ、手袋を落としたことに気づいたおじいさんが戻ってきました。おじいさんは小犬を連れています。その小犬が手袋を見て……。

PICTURE BOOK DIARY

絵本ダイアリー

絵本と子育ての日記

No. 1

えりな

　初めてこの絵本を見た時には，「えー，無理でしょ」と思いました。てぶくろにおおかみやくまが入るなんて，と思ってしまったのです。でも，えりなは動物が登場するたびに「もうだめだよー」と言いながらも，入ってしまうとうれしそうに私の顔を見ます。それは「よかったね」という気持ちもあるし，「入っちゃったね」という驚きもあるように感じました。

　最初に見た時には無理があると感じたストーリーなのに，子どもに読んでやっているうちに，私もこの本を好きになってしまいました。

No.2

ゆき

ゆきは絵をよく見ている。手袋がどんどん変化していくのに気がついて，「あ，階段がついた」，「入口がこんなになった」，「窓ができた」などと，つぶやいてうれしそうにしていた。

No.3

たけし

たけしは，幼稚園のおゆうぎ会の劇で，この話のくまの役をやったので，それから「この本また読んで」と持ってくるようになった。せりふをすっかり覚えていて，「てぶくろにすんでいるのはだれ？」と読むと「くいしんぼねずみと，ぴょんぴょんがえると，はやあしうさぎと……」と得意になって言ってくれる。かけあいのようにして読むのが，とても楽しい。

絵本ダイアリーによせて　ひとこと

　いろいろな動物たちが登場し、同じパターンの会話が繰り返される単純なお話です。子どもは、何度も読んでもらう中で、じっくりと絵を見ていろいろな発見をしています。ダイアリーのゆきちゃんは、時間の経過とともに手袋が変化していくこと（窓がついたり煙突がついたりしていく）を楽しみ、えりなちゃんは、動物たちが入っていく過程を「もうだめだよー」、「入っちゃったね」と言っています。

　この本の絵には子どもたちをひきつける魅力があるようです。動物たちは、骨格、毛並み、色あいは写実的に描かれつつ、みんなウクライナの民族衣装と思われる服を着ています。背景の雪原は、時間とともに空の色が変化しています。手袋は、ページごとに窓がついたり、戸口がついたりしていくのですが、それも異国ふうです。子どもは絵本に出会った時に、どこの国の作品なのかということにはほとんど関心をもちませんが、絵本を通して作品が生まれた国の文化に触れているといえるでしょう。

　ことばはリズミカルで心地よく、絵本ダイアリーのたけしくんのように、絵本の中のことば「くいしんぼねずみと、ぴょんぴょんがえると、はやあしうさぎと……」と覚えて一緒に唱えながら楽しむ姿もよく見られます。

5歳

いろんなえほんを よんでほしいな

5歳の発達

五歳になると、子どもはずいぶんと落ち着き、安定してきます。親としては、「すっかりおにいちゃん／おねえちゃんになったなあ」と思わされることも増えてきます。

幼稚園や保育園では、年長児としてふるまうことが求められます。それは、生活態度や、より小さい子たちの世話をすること、お友達との関わり方など、さまざまな面にわたります。年少の子どもたちからは〈お手本〉とされます。こうした周囲からの期待が、子どもをよりいっそうしっかりさせるのでしょう。

幼稚園・保育園のきまりや、遊びのルールなども守れるようになります。きまりやルールを守るには、自分の気持ちを抑える必要があります。ブランコにずっと乗っていたいけれども、他の子も乗りたいだろうから「十回ずつ」というルールを守る。すぐにブランコに乗りたいけれども、他の子が待っているから順番を守る。ブランコで遊びたいけれども、お友達が砂場で遊びたいと言うから今日は砂場で遊ぶ。こうしたことができるようになるのは、**自己主張**ができるようになったあと、トラブルの経験などを通して、少しずつ**自己統制**を覚えてきたからです。

自己統制をうまく働かせることができるようになると、感情も安定してきたように見えます。それまでは、何か嫌なことがあったり、気に入らないことがあった

りした時、泣いたり、癇癪《かんしゃく》を起こしたりしてきましたが、そのように感情を爆発させることも少なくなるからです。自己統制は、何も「我慢する」方向ばかりに働くわけではありません。嫌なことはいやと言う。自分の意見をはっきり言う。遊びにお友達を誘う。こうしたことも自己統制です。自己統制が上手になることによって、お友達との関わりも、より円滑になっていきます。

　きまりやルールを守るということは、規範意識、さらには道徳性の発達と関係しています。五歳児がルールをどう考えているか、善悪をどう判断するかは、おとなのそれとは異なっています。ルールについては、「おとなから与えられたもの、変えることはできないもの」として理解しています。善悪の判断については、「たろうくんは、台所でふざけていてお皿を一枚割ってしまいました。はなこさんは、お母さんのお手伝いをしようとしてお皿を十枚割ってしまいました。たろうくんとはなこさんとでは、どちらが悪い子でしょうか？」という問題に対して、「はなこさん」と答えます。なぜそのようなことをしたのかという行為の意図・動機よりも、何枚お皿を割ったのかという結果に基づいて判断するのです（おとなと同じようなルールの理解、道徳判断ができるようになるのは、小学校中学年頃だといわれています）。五歳児の道徳は、「叱られるからいけない」「おとながいけないというからいけない」という段階です。道徳性の発達には長い時間がかかりますが、この時期には、「いけない」と言うこととともに「なぜいけないのか」を伝えていくことが必要です。

自分はどのような人間なのかという、自分自身についてのイメージもはっきりしてきます。自分自身のイメージについては、どのような行動をするか、どのようなものが好きか、どのような身体的特徴があるか、どのような性格か、など多くのものが含まれます。これらのうち、幼児期では、「幼稚園に行っている」、「自転車に乗れる」といった、行動に焦点を当てたイメージが中心となっていますが、五歳から六歳にかけての時期には、「髪が長い」、「背が高い」などの身体的特徴によって自分をイメージするように変わっていきます。五歳というのは、自分をどう捉えるかについての、一つの転換点なのでしょう。

自分がどういう人間なのかをイメージする方法としては、自分で自分について考える、他の人と比べる、他の人から言われるというのが主なものでしょう。五歳では、他の人と比べるというのは、まだあまり上手ではありません（自分や他の人を、かなり客観的に見ることが必要です）。他の人から言われると、特にそれが親や先生だった場合、そのまま受け取り、うのみにしてしまうでしょう（もちろんそれが当たっているとはかぎりません）。この時期に大切なのは、自分で考えることです。かといって「私はどのような人間であるか」などと自問自答することではありません。「サッカーが好きだな」、「このテレビはおもしろかったな」、「すべり台はなんだか恐いな」、「静かに絵本を読みたいな」、「みんなと仲よく遊びたいな」といった日々の生活の中で感じることから、自分のイメージをつかんでいくのです。周りのおとなは、そうした感想や願いをうまく引き出すよう

に接することが大切でしょう。

遊びも変化してきます。五歳になると、ものを作ったり絵を描いたりする時に、あらかじめ計画を立て、できあがるまで集中して粘り強くやり遂げることができるようになります。親が食事に呼んでも途中でやめるのを嫌がり、中断することになったとしても、初めの計画をちゃんと覚えていて中断したところからまたやり始め、完成させようとします。まるで子どもが自分で自分に課題を課し、それをやり遂げなければならないと思っているようです。このような真剣でまじめな態度、課題はやり遂げなければならないという態度は、もうすぐ始まる小学校での学習への準備なのです。

小学校入学を間近に控え、親の関心事の一つは、文字の読み書きでしょう。今、小学校入学前に、大多数の子どもがほとんどのひらがなを読むことができ、ある程度のひらがなを書けるようになっているといわれています。しかし、文字を読めることと読んで内容がわかることとは別です。文字が書けるからといって文が書けるわけではありません。同じように、数を数えられる（「イチ、ニ、サン……」と言える）ことと、数がわかるということも、別のことなのです。やみくもに文字の読み書きを教えるよりも、子どもが知りたいこと、伝えたいことを大切にするほうがよいでしょう。

column

自分で読むことと読んでもらうこと

五歳くらいになると、ほとんどの子どもがひらがなを読めるようになってきます。それは子どもにとっても喜びで、生活の中で知っている文字を見つけると、得意になって声を出して読みます。そうすると大人は「これで絵本を読めるようになったね。」と読み聞かせをやめてしまいがちです。

しかし「文字を読むこと」と「本を読むこと」は違います。「あ」という字を「ア」という音で読むことができる子どもに、「あさごはん」と書いてあるものを見せても、「ア、……サ、……ゴ、……」のように一字一字として読んでしまうでしょう。一人で本を読むのはとても時間がかかります。

大好きな絵本を自分で読めるようになったことがとてもうれしかったある子どもは、親に言われて自分で読み始めました。しかし選ぶ本は、文字の少ない「赤ちゃん絵本」でした。おもしろい物語を楽しみたい時は親に「読んで」と持っていく、自分で読む時は文字の少ないものを選んで読むというように、その子は選び分けていたということです。

この時期に、「読み聞かせ」をやめてしまうと、絵本が好きになった子どもも、本を読むことが苦痛になり嫌いになってしまうことがあります。「文字の習得」と絵本の読み聞かせは、分けて考えていくことが大切です。

5歳児に読み聞かせた20冊

これは のみの ぴこ
谷川俊太郎／作　和田 誠／絵
サンリード　1979

おまたせ クッキー
パット・ハッチンス／作　乾侑美子／訳
偕成社　1987

くまの コールテンくん
ドン・フリーマン／作　松岡享子／訳
偕成社　1975

はじめてのおつかい
筒井頼子／作　林 明子／絵
福音館書店　1977

ちいさいおうち
バージニア・リー・バートン／文・絵　石井桃子／訳
岩波書店　1965

そらいろのたね
中川李枝子／さく　大村百合子／え
福音館書店　1967

いたずらきかんしゃ ちゅうちゅう
バージニア・リー・バートン／文・絵　むらおか はなこ／訳
福音館書店　1961

まゆとおに——やまんばのむすめ まゆのおはなし——
富安陽子／文　降矢なな／絵
福音館書店　2004

ブレーメンのおんがくたい
ハンス・フィッシャー／絵　せた ていじ／訳
福音館書店　1964

だいくとおにろく
松居 直／再話　赤羽末吉／画
福音館書店　1967

すてきな 三にんぐみ
トミー・アンゲラー／作　今江祥智／訳
偕成社　1977

P.114

かにむかし
文／木下順二　絵／清水 崑
岩波書店　1959

ざりがに
吉崎正巳／文・絵　須甲鉄也／監修
福音館書店　1976

おしゃべりなたまごやき
寺村輝夫／作　長 新太／画
福音館書店　1972

ロージーの おさんぽ
パット・ハッチンス／作　渡辺茂男／訳
偕成社　1975

赤ずきん
グリム／文　バーナディット・ワッツ／絵　生野幸吉／訳
岩波書店　1976

絵本選びのヒント

ことばで考える力がいちだんと育つ五歳の子どもたち。いろいろなジャンルの絵本に出会わせてあげたいですね。また、特に物語の絵本を最も必要とするのもこの時期です。そして、大好きな一冊をもち始めるのも五歳の子どもたちです。主人公がいろいろな事件や困難に出会いながらも、最後には幸せになる、そんな主人公の生き方に自分を同化させながら物語の世界を楽しむことができる絵本をたくさん読んであげましょう。

また、人だけでなく、植物や昆虫も助け合って生きていることを知ることができたり、自然を身近に感じたりできるような、自然科学の絵本にもぜひ、出会わせてあげたいですね。

五歳の子どもには、昔話絵本もたくさん読んであげましょ

さんまいのおふだ
水沢謙一／再話　梶山俊夫／画
福音館書店　1985

100 まんびきのねこ
ワンダ・ガアグ／文・絵　いしい ももこ／訳
福音館書店　1961

ちからたろう
ぶん／いまえ よしとも　え／たしま せいぞう
ポプラ社　1967

P.118

こすずめのぼうけん
ルース・エインズワース／作　石井桃子／訳　堀内誠一／画
福音館書店　1977

う。『だいくとおにろく』、『かにむかし』、『さんまいのおふだ』などの昔話絵本は、展開に一定の形式があり、調子のいいやりとりが繰り返されるので、「ちょっと長すぎるかな」と思っても、子どもは驚くほど集中して聞いています。

また、文章量の多い昔話絵本は、絵本から物語の本への橋渡しとしても、とても重要な役目を果たします。子どもがお話を聞くことに意識を集中させ、そこから得た情報を整理しながら聞いていくためには、場面を楽しむだけでなく、お話のつながりを意識して聞くという体験を積み重ねることが大切です。

小学校に入学して、先生のお話が聞ける、ひとりで本を読むことを楽しめるようになるためにも、昔話絵本をはじめ、いろいろなジャンルの絵本を子どもと一緒に楽しみましょう。

かにむかし

BOOK DATA

文／木下順二
絵／清水 崑
岩波書店　1959
定価　本体640円＋税
20cm × 16cm　44p
ISBN978-4-00-115121-3

かにが浜辺で柿の種を拾いました。「はよう　芽を　だせ　かきのたね、ださんと、はさみで、ほじりだすぞ」と言いながら、大切に育てました。すると、たくさんの柿が枝いっぱいになりました。

そこへ、さるがやってきて、木に登って柿を食べてしまいました。かにが「いっちょぐらい、こら、もいでよこさんか」と言うと、まだ青い柿を投げつけ、かにはつぶれてしまいます。

かにの甲羅からは、子がにがたくさんはい出してきました。敵《かたき》討ちに出かける子がにたち。栗、蜂、牛のふん、はぜぼう、石うすなどが協力します。

PICTURE BOOK DIARY

絵本ダイアリー

絵本と子育ての日記

No.1

ごう

　ごうが好きなのは，仲間が増えていく時のかけあいの言葉。この場面にくると，「にっぽんいちのきびだんご！」と大きな声で叫ぶように言っていた。

　夕べからは「いっちょ　くだはり，なかまに　なろう」，「なかまに　なるなら　やろうたい」も言うようになってきた。

No.2

ようた

　「うしのふん」が出てくると，「えー」と驚くような声を出しています。私もびっくりしました。『さるかに合戦』は知っていたけれど，ちょっと違うなあと思いました。でもおもしろい。

No.3

ひろみ

今日はパパが読んでくれました。初めて読んだパパが「えっ，きびだんごって桃太郎じゃないの？」と言うと，ひろみは「えー，知らないのー，かにとさるの話だよー」と言っていました。さらにパパは「なんだか読むのが難しいなあ，この絵本，何語？」と言うので，「昔話のことばでしょ」と答えてしまいました。

パパは「ふうん」と言っていましたが，ひろみが，かにとくりたちとの会話をおもしろがって覚えていたので，「すごいねえ」とほめていました。

絵本ダイアリーによせて　ひとこと

『さるかに合戦』は知っていても、かにが柿の種を手に入れるいきさつ、登場する者たち、仲間になるためにきびだんごをやるところなどについて、自分が知っていたお話と少し違うと感じる人が多いようです。昔話は、いろいろな地方で少しずつ形を変えて伝わっています。この多様なバリエーションのある話を、木下順二が独自の語り口で表現しています。

　初めて文字で読むと、ひろみちゃんのお父さんのように違和感を感じることもあるでしょう。しかし何回か、声に出して読んでいくと、リズミカルなことばの響きが心地よく感じられてくるようです。子がにと仲間になる栗や、はぜぼう、牛のふんなどとのやりとりが繰り返されています。お父さんやお母さんに読み聞かせをしてもらっている子どもたちにはすんなりと入っていくようで、「にっぽんいちのきびだんご」、「なかまになるならやろうたい」などのことばを声に出して、楽しんでいます。幼稚園や保育園で行われている集団での読み聞かせの場合は、友達と一緒に声を合わせて、これらのことばを言って楽しむ姿もみられます。

　筆で描かれる絵は大胆で、物語のダイナミックさを伝えています。

こすずめのぼうけん

こすずめに茶色の羽が生えてきたある日、お母さんすずめは、飛び方を教えます。お母さんの言うとおりに飛んでみると、こすずめは飛ぶことができました。うれしくなったこすずめは、どんどん遠くへ飛び続けます。だんだん羽が痛くなってきて、休もうとすると、鳥の巣が見つかりました。しかしそこには、からすが座っています。休ませてほしいと頼んでみると、仲間じゃないからと断られてしまいました。やまばと、ふくろう、かも、誰の巣に行っても断られてしまいます。

BOOK DATA

ルース・エインズワース／作
石井桃子／訳　堀内誠一／画
福音館書店　1977
定価　本体 800 円＋税
20cm × 27cm　32p

ISBN978-4-8340-0526-4

PICTURE BOOK DIARY

絵本ダイアリー

絵本と子育ての日記

No. 1

なな

初めて読んだ日は，黙って聞いていた。その後毎晩読むようになったが，3回めくらいからこすずめのことばを覚えて，私が「おまえ，かあ，かあ，かあって，いえるかね？」と読むと「ぼく，ちゅん，ちゅん，ちゅんってきりいえないんです」と言い，かけあいで楽しむようになった。私も楽しくて，この本を親子で大好きになった。

No.2

はるか

2回めに読んだ時，飛ぶおけいこの場面で「巣のふちに立ちなさい，それから頭をうしろにそらせ，羽をぱたぱたとやって……」と読むと，はるかは立ち上がって体でそのとおりにやろうとしていた。はるかの頭の中で，絵本の絵が動いているように見えたのかなぁと思った。

No.3

だいすけ

幼稚園に行く途中で，すずめを何羽か見ました。私たちが歩いていったので飛び立ってしまったが，だいすけは「あまり遠くへ行っちゃだめだよ」と言っていた。最初は何を言っているのかわからなかったが，『こすずめのぼうけん』を思い出したのだなと気づいて、かわいいなと思った。

絵本ダイアリーによせて ひとこと

五歳になると、自分でできることが多くなり、いろいろな体験を積み重ねることに、自信をもって生活できるようになります。そんな時期にこの絵本に出会うと、「ぼく、もっととおくへとんでいける」と飛び出してしまうこすずめの気持ちに、自分の気持ちを重ねて読むことができるでしょう。

　こすずめを休ませてくれないからすやふくろうは、迫力があり、恐ろしく感じるようです。姿が少し優しげなやまばとやかもの登場は、今度こそ休ませてくれるのではないかと期待をさせます。しかしここでも拒否されてしまうことに、生き物の習性、厳しさを感じるのではないでしょうか。

子どもたちは、せっぱつまったこすずめがお母さんすずめに助けられるという結末に、ほっとするようです。身近な所から飛び出して冒険をし、安心できる場所に帰ってくるという構成は、いろいろな絵本にあります。この年齢の子どもたちには満足感を感じさせてくれるでしょう。

　本文は、事実を簡潔に伝えながら、子どもを物語の世界に引き込んでくれます。こすずめと鳥たちとの間に繰り返されることばも、子どもにとっては魅力的で、覚えてしまうようです。絵も鳥たちを極端には擬人化せずに描かれ、風景の色あいは時間の経過まで伝えます。

小学校

1～2年

まだまだ いっしょに よみたいよ

小学校1～2年の発達

いよいよ小学生です。お父さん、お母さんの感慨もひとしおでしょう。子ども自身も、期待と希望をもって小学校に入学したことでしょう。

小学生になると、子どもの世界は一変します。登校するにも子どもだけで行かなければなりません。学校に着くと、決まった自分の席があり、一定時間（つまり授業中です）、そこにじっと前を向いて座り、先生のお話を静かに聞いていなければなりません。〈勉強〉が始まったのです。遊べるのは、〈勉強〉と〈勉強〉の間の短い時間だけです。掃除当番もあります。家に帰れば宿題をしなければなりません。どれもこれも、幼稚園や保育園にはなかったことです。

学校での〈扱われ方〉もこれまでとは変わります。ついこの間までは、最年長児としてふるまい、小さな子たちのお世話をしてきました。ですが今はいちばん下の学年で、小さな子としてお世話をされる側にまわっています。

こうした大きな環境の変化にうまく慣れていくことができないと、学校生活が楽しいものにはなりません。環境が変わってとまどってしまうことは、多かれ少なかれ、誰にでも（おとなにも）あることです。小学校入学直後は、なんとなく落ち着かない日が続いてもしかたがないことかもしれません。しかし多くの場合は、ひと月もすれば慣れてきます。授業時間と休み時間のけじめがつくようになり、授業中はきちんと席について、先生の話を聞いたり、ルールに従って発言したりできるようになります。

しかし近年、入学後の落ち着かない状態が長い期間続くという事態が指摘され始めました。いわゆる**小一プロブレム**です。この問題を解決しようと、さまざまな対応が考えられています。では、家庭でできる予防策はあるでしょうか。それは、基本的な生活習慣を身につける、時・場合・場所に応じた行動がとれるようにする（けじめがつけられる）、人の話をしっかり聞けるようにするなど、あたりまえといえばあたりまえのことを、あたりまえにできるようにすることでしょう。これは、昨日今日できるようになることではありません。生まれた時から、長い時間をかけて身につけてこなければならないのです。

環境が変わるということは、子どもの世界が大きく広がるということでもあります。新しいお友達ができます。新しいことを習います。子どもどうしで約束し、子どもだけで遊びます。行動範囲が広がります。こうした中で、子どもはさまざまな経験をします。親としては、心配したり不安になったりすることもあるでしょうが、見守るようにしたいところです。また、環境の変化、世界の広がりは、たとえ楽しいものだとしても、子どもを疲れさせることも確かです。家庭ではリラックスして過ごせるように、環境を整えましょう。

小学校に入ると、本格的な学習が始まります。それだけでなく、「学校」という場にいることによって、新しいことばの使い方も学びます。

私たちの使っていることばは、私的なものと公的なものとの二つに分けることができます。私的なことばとは、家族や友人とのおしゃべりのように、その場にお互いがいて、一対一で話すような場合です。この時、ことばの力だけではなく、その場のもっている状況の力を大いに借りて、お互いの言っていることを理解し合います。一方の公的なことばとは、学校の授業や講演で、先生や講師が、生徒や聴衆に向かって話す時のことばです。実際に対面しているとはかぎりません。こうした時、状況の力を借りることもあるでしょうが、ほとんどはことばの力のみで相手に伝えなければなりませんし、聞き手も理解しなければなりません。書きことばは、この意味では公的なことばの最たるものでしょう。

子どもは、最初に私的なことばを覚えます。そして、私的なことばの中で育ちます。ですが、やがて、公的なことばを使わなければならなくなります。その転機となるのが、小学校入学です。小学校では、授業中の発表や学級会での発言など、〈みんな〉に向かって話さなければならない場面があります。はじめはなかなかうまく話せないでしょうが、〈先生〉というお手本もあります。経験を積み重ねていく中で、少しずつ公的なことばも使いこなせるようになっていくのです。

小学校に入学すると、これまでの「話す・聞く」に加えて、「書く・読む」の世界へも入っていかなければなりません。先ほど、書きことばは公的なことばの最たるものと述べましたが、「読む」ということは、例えば教科書に書かれている文章を、その文章だけを手がかりとして理解していくということです。「書く」

ということは、ことばだけを用いて、自分の考えていることを筋道立てて表現するということです。これは、話しことばとは全く違ったものです。抽象的な思考力も求められます（だから、書きことばは難しいのです）。

子どもたちが新しいことを知ろうとする時、その知識を「読む」ことによって手に入れることが増えてきます。学校での教科の学習も、教科書を読みながら進められます。事実、学校での成績と読み書き能力との間には、関連があるといわれています。そしてある研究によると、小学校四年生の時の成績は七歳の時の読みの力に影響され、この七歳の時の読みの力は五歳の時の文字の読み書きの知識に影響され、さらにこの五歳の時の文字の読み書きの知識は三歳半頃までの「物語を聞く」という経験に影響されていました。また、この「物語を聞く」という経験の量は、小学校入学時の文字の読み書きの力、話しことばの力、小学校二年生の時の読書力と関係がありました。

このような研究結果を聞くと、子どもの発達とは、長い時間をかけて少しずつ〈次〉のための準備をしていくものなのだということを、改めて知らされます。同時に、教育というものは、すぐに効果が出るものではなく、やはり長い時間ののちに実を結ぶものなのだということも深く考えさせられるのです。

column

理解力

赤ちゃんの時には、笑ったり、動作のまねをしたり、絵本のことばを一緒に声に出して言ったりと反応が目に見えていたのに、小学生になったら、読んであげても黙って聞いているだけで、どのように受け止めているのか、わかっているのかどうか、わからないと言ってきたお母さんがいました。

「個性を大切にする」、「生命を大切にする」というテーマの絵本なのに、全く関係のないところをおもしろがっているのでがっかりしたというような声も聞きました。「うちの子は、読解力がない」と心配になってしまったというお父さんもいました。

しかしこれは、おとなの読み方と子どもの読み方は違うということなのではないでしょうか。おとなは、一冊の本から主題のようなものを読み取ろうとしますが、子どもはおもしろいと思ったところを味わおうとするのでしょう。小学校一～二年の子どもは、ことばで表現することがまだまだ上手でないので、おとなは内容をわかっていないと思いがちですが、子どもは子どもなりに本からのメッセージを受け止めているのだと、信じてあげてください。

小学校 1〜2年に読み聞かせた10冊

P.134

ぞうのババール
ジャン・ド・ブリュノフ／さく　やがわ すみこ／やく
評論社　1974

P.130

おっきょちゃんとかっぱ
長谷川摂子／文　降矢奈々／絵
福音館書店　1997

かもさん おとおり
ロバート・マックロスキー／文・絵　わたなべ しげお／訳
福音館書店　1965

おしいれのぼうけん
古田足日　田畑精一
童心社　1974

あいうえおの本
安野光雅／作
福音館書店　1976

100 万回生きたねこ
作・絵／佐野洋子
講談社　1977

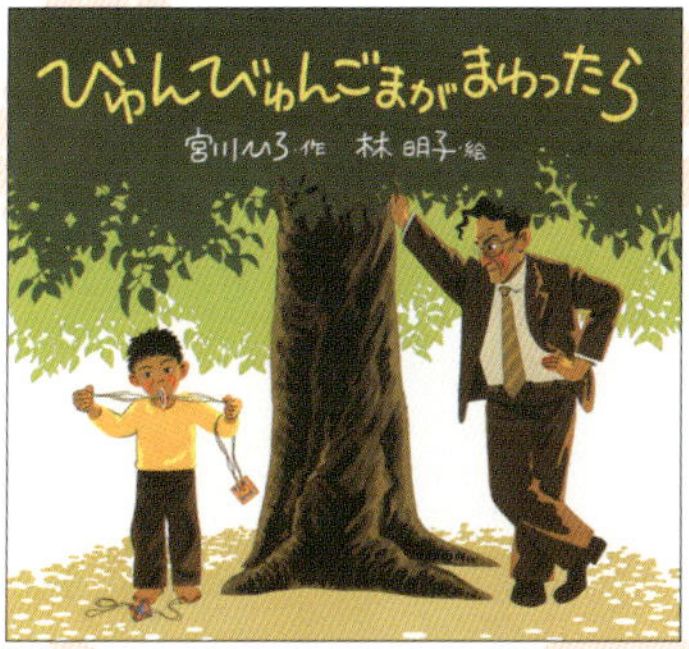

びゅんびゅんごまがまわったら
作／宮川ひろ　絵／林 明子
童心社　1982

スーホの白い馬
大塚勇三／再話　赤羽末吉／画
福音館書店　1967

サンタクロースって ほんとに いるの？
てるおか いつこ／文　すぎうら はんも／絵
福音館書店　1982

モチモチの木
斎藤隆介／作　滝平二郎／絵
岩崎書店　1971

絵本選びのヒント

「小学生なんだから、本は自分で読みなさいね」と言っていませんか。幼い頃から読み聞かせをしていると、聞いて理解する能力は高くなっていきますが、自分で文字を追って読んでいく能力は未熟です。本を読むことが好きな子どもにするためには、読み聞かせを続けながら、子どもがお話の世界を十分に楽しんでいけるようにしたいですね。

この時期は、刺激的な内容などの小手先で子どもの気を引こうとする絵本ではなく、『おしいれのぼうけん』『ぞうのババール』など、世代を超えて読み継がれる、物語性の高い作品を読み聞かせてあげましょう。

おっきょちゃんとかっぱ

BOOK DATA

長谷川摂子／文

降矢奈々／絵

福音館書店　1997

定価　本体 800 円＋税

27cm × 20cm　32p

ISBN978-4-8340-1464-8

「おっきょちゃん」と呼ばれる女の子が、川から顔を出したかっぱの子どもガータロに祭りに誘われます。浴衣に着替え、畑のきゅうりを土産に持って、水の中の国に行きます。しかし、祭りを楽しみ、餅を口にすると、お父さんのこともお母さんのことも、水の外の世界を全部忘れてしまいます。

おっきょちゃんは毎日、魚をとったりお手伝いをしたりして楽しく過ごしますが、ある日頭の上を自分の人形が流れていくのを見て、お母さんのところに帰りたくなります。おっきょちゃんは家に帰るため、すいこ様という知恵のあるかっぱに相談するのです。

PICTURE BOOK DIARY

絵本ダイアリー

絵本と子育ての日記

No.1

みな

気に入って，数日間繰り返し読んだ。みなは「おっぽ」，「べべ」，「ちゃんちゃんこ」，「すいこさま」などの言葉に興味をもつようになってきました。「おっぽって何？」などきかれるたびに，私が考えたことを伝えたり，絵を見ながら確かめたりして読んできました。だけど，わからないことばを全部私にきくのではなく，自分なりに考えていることもあるようで，「目をシパシパッとさせるってこういうことでしょう？」と目を開いたり閉じたりして見せてくれました。

また，「魚の形のみずぶえってこんなかな」と，うちにある魚のおもちゃに口を近づけて，吹くまねをしたりしています。

No.2

だいすけ

水の国の祭りの場面の細かいところまで見て，屋台で売っている物を一つずつ指さしたり，かっぱの子どもが手にしている食べ物がどんなものか想像したりしていた。

自分自身の祭りの体験と比べながら，絵を見ているようだった。

しかし，最後の「すいかごめ」は「どうやって入ったのかなあ」とつぶやいていた。

No.3

みく

「このべべは，わたしのちゃんちゃんこのきれだったん」「たからをこめてかえさんしょ」という独特の言い回しが気に入って，繰り返し読まされた。

絵本ダイアリーによせて ひとこと

みなちゃんのお母さんは、この本を初めて手にした時に、少し疑問をもちました。なじみのないことばがたくさん出てくること、水の中から戻る時にすいかの中に入ってしまうこと、「かっぱ」は人間に悪さをする存在だという先入観があったことなどからでした。しかし読んでみると、子どもはすんなりと物語の世界に入り込み、まるで主人公おっきょちゃんになりきったように、祭りを楽しんだり、かっぱの家族と仲よくなっていくところを受け止めたりしていきました。子どものそんな姿に接して、お母さんもこの物語をおもしろいと感じるようになったのでしょう。

親は声に出して読んでいるので、どうしても文字に重点がいってしまいがちですが、子どもは耳から物語を聞きながら、目で絵をじっくりと見ています。細かい部分まで心に止めていることに驚かされるでしょう。「見て見てこれ！」と子どもに言われてから、改めて絵を見直すということもよくあったようです。

独特な言い回しのことばも、声を出して読んでいるとリズミカルで心地よく感じます。知らないことばや物についても、子どもは絵や前後の文脈から想像していくようです。

ぞうのババール

BOOK DATA

ジャン・ド・ブリュノフ／さく
やがわ すみこ／やく
評論社　1974
定価　本体 1,400 円＋税
27cm × 20cm　48p
ISBN978-4-566-00000-1

象のババールは森の中でお母さんや仲間と一緒に楽しく暮らしています。しかしある日、悪い狩人たちがやってきて鉄砲で象たちを撃ち、お母さんは死んでしまいました。

ババールは逃げて、町へやってきます。そこで親切なおばあさんに出会い、人間たちの暮らしになじんでいきます。おばあさんに洋服を買ってもらい、勉強をし、ときどき楽しかった森の生活や仲間のことを思い出しさびしく思いながらも、幸せに暮らしていました。

しかしそこへ、いとこたちがやってきて、一緒に森へ帰ることになります。帰ってみると、王様が死んでしまい、ババールはみんなに推薦されて王様になるのです。

PICTURE BOOK DIARY

絵本ダイアリー

絵本と子育ての日記

No.1

れい

れいは，「母さんが死んでしまう」「王様が毒で死んでしまう」というところに衝撃を受け，「悲しい」と言いました。しかし，最後の結末に安心したのか，2回め以降は悲しがることもなく，「ほしいものはなんでもかってもらえる」というところで「いいなぁ」とため息をつき，絵をしみじみと眺めていました。「はげこうって本当にはげてるね」，「ババール，この服似合うね」，「ジャングルから来たいとこたちは，洋服着ていないね」などと細かく見て，気がついたことを私に教えてくれました。

No.2

たけし

私が選んで読みました。たけしは「自分ではきっと選ばなかったけど，読んでみるとおもしろいね」と言いました。絵の色あいや雰囲気から，もっとかわいらしいお話と感じていたのかもしれません。しかし波乱万丈といえる物語なので，たけしもおもしろがったのかな。

No.3

なお

この物語の展開に，少し違和感を感じながら，読みました。だけどなおは，次から次へと意外な方向に発展していく物語をおもしろがっていたようです。図書館へ行ったら，他にもババールの本があるのを見つけ，次から次へ借りて読みました。

絵本ダイアリーによせて ひとこと

絵本ダイアリーのれいちゃんが「ほしいものはなんでもかってもらえる」というところで「いいなぁ」と感想をもらしたように、この物語は、つまずきなく進みます。そこに違和感を感じ、「人生こんなにうまくいくわけない」「こんな簡単に母親の死を描いていいのだろうか」などと疑問をもつおとなが多いようです。しかし、子どもたちは、ババールの運命、生活の変化をおもしろがりながら受け止め、お話を楽しんでいくようです。

出会ったお金持ちのおばあさんにお金をもらって、デパートで買い物をする場面は、初めて乗ったエレベーターを喜んだり、洋服を一つずつ身につけていったりする様子が、子どもの気持ちを捉えます。森の中にいる象はありのままの動物の姿で描かれますが、街へ来て洋服を着ると二本足で立つように描かれます。

黄色と緑を基調とした絵は、森の中の様子も街の中の様子も明るく、ユーモアがあふれていて、この奇想天外ともいえるストーリーに子どもを導いてくれるようです。モーリス・センダックは、『センダックの絵本論』（岩波書店・一九九〇）という本の中で、作者ブリュノフはわが子に「人生の避けがたい嵐をなんとか切り抜けて生きていきなさい」というメッセージをこめてこの絵本を作ったと書いています。

3000日の軌跡 おとな編

「絵本と子育ての会」で
8年間にわたって読み聞かせを続けてきた
お父さん・お母さんの感想です。
毎月1回の「絵本と子育ての会」の場だけでなく、
おうちでも読み聞かせをした親子がほとんどでした。

子どもが本好きになった

*小さい頃から本を読んでいたので、本が好きだし、本を読むのがあたりまえのことになっているみたいです。

*病院、銀行、薬局、レストラン、どこに行っても本があると、自分から本を持ってきてずうっと読んでいます。

*絵本だけでなく、図鑑や童話、まんがなど、どんな書物もめんどうがらずに抵抗なく読めるようになれたと思います。

「この本どうだった?」は……

*絵本を読んだあとには、押しつけのような解説は無用であること、いろいろ質問しないこと、子どもが自由に本を受け止めればよいことを教えられました。

*この会に参加していなかったら、「もう二年生なんだから、一人で読みなさい」とか、「この本読んでどう思った?」とか言っていたと思います。

続けることが大切なんだ

*暇な時間ができたら、ではなく、毎日読んであげることが大切だと思います。叱ったあともひと呼吸おいて読み聞かせをすると、リセットできました。

*いろいろなところで、絵本の読み聞かせはいいことだと言われていますが、年齢にあったものを継続していくことの大切さ、大変さがあると思います。

*何年も続けてみると、子どもの反応が変わっていくのがわかる。いくつになっても、「これ、あの本みたいだね」とか楽しさを共有できる。

*小さい頃は「子どもを喜ばそう!」とばかり考えていましたが、小学生になってからも読んでいると、楽しませるばかりでなく、自分で何か感じて考えてくれる子になってくれたらと思うようになりました。

*意味のある言葉を発したのも、絵本の中の言葉をまねたところから始まったように、絵本は子どもの成長に大きな役割をしているんだとあらためて思っています。

絵本を選ぶのは難しい

＊月齢や年齢に合った絵本を選ぶ難しさを感じました。また、この会で出会った本でも、買った本でも、子どもには好き嫌いがあって難しいなあと思いました。

＊私の好みで選ぶと、絵の好きな本、好きな作家の本、はやりの本と、偏ってしまいそうですが、作者、ジャンルを問わず読ませていくことが大切と感じました。

＊おもしろがるところや恐がるところなど、同じ本でも親とは感じ方が違って、いろいろ思っていたわが子とは違う面が見られた気がします。

読めないから読んでやるのではなく

＊絵本の読み聞かせとは字が読めない子どものためにすることと思っていた。

＊子どもたちにとって「読んでもらう体験」は、自分で読むためのきっかけや準備ではないと思います。世界観そのものを楽しみ、自身の世界を広げ、心に根をはるものとして、本当に大切なものと考えます。

＊子どもは、なんでもない時に「でぐすこ　ばくすこ　すかかご　ひょうろ」と絵本のおはやしを歌ったり、「あの本、うまのあらいじる飲むところが気持ちわるいけど、おもしろいから好きなんだよね」と急につぶやいたりします。頭の中に、だいぶ前に読んだ本のことがしっかり残っていると知って、じっくりと子どもと向き合って読んであげることは大切なんだと実感しました。

親が絵本で成長した

＊経験したことのないことを、絵本から学ぶことがありました。知識の範囲を越えて絵本が教えてくれるので、貴重な体験だと思います。

＊もともと絵本にはさほど興味もなかったのに、読み聞かせをすることにより、どういうのを読んだらよいのか考えたりして、図書館に行くようになった。

＊自分で読んでいても和やかになれることも多く、癒やしでもありました。

＊絵本とは、ストーリー性を楽しむばかりではなく、韻を楽しんだり、言葉そのものを楽しんだりすることがあるということも学びました。

＊自分が本を読む習慣がなかったので、読み聞かせをすることで、自分が絵本を好きになりました。

3000日の軌跡 子ども編

好きな本はなあに？ どうして好きなのかな？

「三びきのやぎのがらがらどん」

理由 三番目のがらがらどんが強くてかっこよかったから。

「こすずめのぼうけん」

理由 子すずめのとくに目がかわいくて、まい子になった子すずめになかまじゃないからほかの鳥は休ませてくれないけれどさいごにおかあさんが来てくれて、心があたたかくなる話で大すきです。

たくさん本を読んでくれたお父さん・お母さんにひとこと

いつも本をよんでくれてありがとう

おもしろい本がいっぱいあるからこれからもいっぱい読んでもらいたい。

小さいころ、よく、絵本をいっぱいよんでもらったこと、よくおぼえているよ。これからも、ちょっとでいいけどよろしくね。

これから読みたい本はどんな本？

①手塚治虫が書いたマンガ
②日本の昔話
③ぼうけんの本

まほうつかいなどようせいが出てくる本、や図かん

きょう竜と友だちになってあそぶ本が読みたいです。

シャーロックホームズ、かいけつゾロリ、名たんていコナン、こちらマガーリたんていだん

グリムどうわや、長いお話。とにかく、ぶあつい本など。

本書で紹介した絵本一覧

年齢	書名	著作者名	出版社	頁
0歳	ばいばい	まつい のりこ／作・絵	偕成社	P26
	こんにちは	渡辺茂男／文 大友康夫／絵	福音館書店	P26
	じゃあじゃあびりびり	まつい のりこ／作・絵	偕成社	P26
	くっついた	三浦太郎／作	こぐま社	P26
	くだもの	平山和子／作	福音館書店	P26
	ぴょーん	まつおか たつひで／作・絵	ポプラ社	P26・P28
	がたん ごとん がたん ごとん	安西水丸／さく	福音館書店	P27
	いい おかお	文／松谷みよ子 画／瀬川康男	童心社	P27
	いない いない ばあ	文／松谷みよ子 画／瀬川康男	童心社	P27・P32
	ぶーぶー じどうしゃ	山本忠敬／さく	福音館書店	P27
1歳	ころころころ	元永定正／さく	福音館書店	P42
	どうぶつのおやこ	薮内正幸／画	福音館書店	P42
	もこ もこもこ	谷川俊太郎／作 元永定正／絵	文研出版	P42・P44
	きゅっ きゅっ きゅっ	林 明子／さく	福音館書店	P42・P48
	たまごのあかちゃん	かんざわとしこ／ぶん やぎゅうげんいちろう／え	福音館書店	P42
	おつきさまこんばんは	林 明子／さく	福音館書店	P42
	コップちゃん	ぶん／中川ひろたか え／100％ORANGE	ブロンズ新社	P43
	おてがでたよ	林 明子／さく	福音館書店	P43
	かお かお どんなかお	柳原良平／作	こぐま社	P43
	のせて のせて	文／松谷みよ子 絵／東光寺 啓	童心社	P43
2歳	きんぎょがにげた	五味太郎／作	福音館書店	P58・P60
	がちゃ がちゃ どんどん	元永定正／作	福音館書店	P58
	どろんこ どろんこ！	渡辺茂男／文 大友康夫／絵	福音館書店	P58
	おふろだ、おふろだ！	渡辺茂男／文 大友康夫／絵	福音館書店	P58

年齢	書名	著作者名	出版社	頁
2歳	はけたよ はけたよ	文／神沢利子 絵／西巻茅子	偕成社	P58
	おんなじ おんなじ	多田ヒロシ／作	こぐま社	P58
	しゅっぱつしんこう！	山本忠敬／さく	福音館書店	P59
	めの まど あけろ	谷川俊太郎／文 長 新太／絵	福音館書店	P59
	〈ボード・ブック〉コロちゃんは どこ？	エリック・ヒル／さく まつかわ まゆみ／やく	評論社	P59・P64
	しろくまちゃんのほっとけーき	わかやま けん／作	こぐま社	P59
3歳	どうぶつのおかあさん	小森 厚／文 薮内正幸／絵	福音館書店	P74
	そうくんのさんぽ	なかの ひろたか／さく・え なかの まさたか／レタリング	福音館書店	P74
	はらぺこ あおむし	エリック・カール／作 もり ひさし／訳	偕成社	P74
	とこちゃんはどこ	松岡享子／さく 加古里子／え	福音館書店	P74
	わたしのワンピース	にしまきかやこ／作	こぐま社	P74
	のろまなローラー	小出正吾／さく 山本忠敬／え	福音館書店	P74
	三びきのやぎのがらがらどん	マーシャ・ブラウン／絵 せた ていじ／訳	福音館書店	P75・P78
	ちいさなねこ	石井桃子／さく 横内 襄／え	福音館書店	P75・P82
	きょだいな きょだいな	長谷川摂子／作 降矢なな／絵	福音館書店	P75
	みんな うんち	五味太郎／文・絵	福音館書店	P75
	くまさん くまさん なにみてるの？	エリック・カール／絵 ビル・マーチン／文	偕成社	P75
	ねずみくんのチョッキ	作／なかえ よしを 絵／上野紀子	ポプラ社	P75
	ぐりとぐら	中川李枝子／文 大村百合子／絵	福音館書店	P76
	おでかけのまえに	筒井頼子／作 林 明子／絵	福音館書店	P76
	おおきなかぶ	A・トルストイ／再話 内田莉莎子／訳 佐藤忠良／画	福音館書店	P76
	そらまめくんのベッド	なかやみわ／作・絵	福音館書店	P76
	かばくん	岸田衿子／さく 中谷千代子／え	福音館書店	P77
	もりのなか	マリー・ホール・エッツ／文・絵 まさき るりこ／訳	福音館書店	P77

年齢	書名	著作者名	出版社	頁
3歳	ちびゴリラのちびちび	作／ルース・ボーンスタイン 訳／岩田みみ	ほるぷ出版	P77
3歳	ねえ どっちがすき?	安江リエ／文 降矢奈々／絵	福音館書店	P77
4歳	ぐるんぱのようちえん	西内ミナミ／さく 堀内誠一／え	福音館書店	P92
4歳	どろんこハリー	ジーン・ジオン／ぶん マーガレット・ブロイ・グレアム／え わたなべしげお／やく	福音館書店	P92・P96
4歳	3びきのくま	トルストイ／文 バスネツォフ／絵 おがさわら とよき／訳	福音館書店	P92
4歳	ももたろう	松居 直／文 赤羽末吉／画	福音館書店	P92
4歳	てぶくろ	エウゲーニー・M・ラチョフ／絵 うちだ りさこ／訳	福音館書店	P92・P100
4歳	ラチとらいおん	マレーク・ベロニカ／文・絵 とくながやすもと／訳	福音館書店	P92
4歳	14ひきのあさごはん	さく／いわむら かずお	童心社	P93
4歳	きつねとねずみ	ビアンキ／さく 内田莉莎子／やく 山田三郎／え	福音館書店	P93
4歳	ゆうちゃんのみきさーしゃ	村上祐子／さく 片山 健／え	福音館書店	P93
4歳	かいじゅうたちのいるところ	モーリス・センダック／作 神宮輝夫／訳	冨山房	P93
4歳	ティッチ	パット・ハッチンス／作・画 石井桃子／訳	福音館書店	P93
4歳	ガンピーさんのふなあそび	作／ジョン・バーニンガム 訳／光吉夏弥	ほるぷ出版	P93
4歳	よかったね ネッドくん	作者／レミー・シャーリップ 訳者／八木田 宜子	偕成社	P94
4歳	三びきのこぶた	瀬田貞二／やく 山田三郎／え	福音館書店	P94
4歳	しょうぼうじどうしゃ じぷた	渡辺茂男／作 山本忠敬／絵	福音館書店	P94
4歳	はなをくんくん	ルース・クラウス／文 マーク・シーモント／絵 きじまはじめ／訳	福音館書店	P94
4歳	あおくんときいろちゃん	作／レオ・レオーニ 訳／藤田圭雄	至光社	P95
4歳	おおかみと七ひきのこやぎ	フェリクス・ホフマン／絵 せたていじ／訳	福音館書店	P95
4歳	おだんごぱん	瀬田貞二／訳 脇田 和／絵	福音館書店	P95
4歳	だるまちゃんとてんぐちゃん	加古里子／さく・え	福音館書店	P95
5歳	おまたせ クッキー	パット・ハッチンス／作 乾侑美子／訳	偕成社	P110
5歳	はじめてのおつかい	筒井頼子／作 林 明子／絵	福音館書店	P110
5歳	そらいろのたね	中川李枝子／さく 大村百合子／え	福音館書店	P110
5歳	これは のみの ぴこ	谷川俊太郎／作 和田 誠／絵	サンリード	P110
5歳	くまの コールテンくん	ドン・フリーマン／作 松岡享子／訳	偕成社	P110
5歳	ちいさいおうち	バージニア・リー・バートン／文・絵 石井桃子／訳	岩波書店	P110
5歳	まゆとおに やまんばのむすめ まゆのおはなし	富安陽子／文 降矢なな／絵	福音館書店	P111
5歳	だいくとおにろく	松居 直／再話 赤羽末吉／画	福音館書店	P111
5歳	かにむかし	文／木下順二 絵／清水 崑	岩波書店	P111・P114
5歳	いたずらきかんしゃ ちゅうちゅう	バージニア・リー・バートン／文・絵 むらおか はなこ／訳	福音館書店	P111
5歳	ブレーメンのおんがくたい	ハンス・フィッシャー／絵 せた ていじ／訳	福音館書店	P111
5歳	すてきな 三にんぐみ	トミー・アンゲラー／作 今江祥智／訳	偕成社	P111
5歳	おしゃべりなたまごやき	寺村輝夫／作 長 新太／画	福音館書店	P112
5歳	赤ずきん	グリム／文 バーナディット・ワッツ／絵 生野幸吉／訳	岩波書店	P112
5歳	ざりがに	吉崎正巳／文・絵 須甲鉄也／監修	福音館書店	P112
5歳	ロージーの おさんぽ	パット・ハッチンス／作 渡辺茂男／訳	偕成社	P112
5歳	100まんびきのねこ	ワンダ・ガアグ／文・絵 いしい ももこ／訳	福音館書店	P113
5歳	こすずめのぼうけん	ルース・エインズワース／作 石井桃子／訳 堀内誠一／画	福音館書店	P113・P118
5歳	さんまいのおふだ	水沢謙一／再話 梶山俊夫／画	福音館書店	P113
5歳	ちからたろう	ぶん／いまえ よしとも え／たしま せいぞう	ポプラ社	P113
小学校1～2年	おっきょちゃんとかっぱ	長谷川摂子／文 降矢奈々／絵	福音館書店	P128・P130
小学校1～2年	おしいれのぼうけん	古田足日 田畑精一	童心社	P128
小学校1～2年	100万回生きたねこ	作・絵／佐野洋子	講談社	P128
小学校1～2年	ぞうのババール	ジャン・ド・ブリュノフ／さく やがわ すみこ／やく	評論社	P128・P134
小学校1～2年	かもさん おとおり	ロバート・マックロスキー／文・絵 わたなべ しげお／訳	福音館書店	P128
小学校1～2年	あいうえおの本	安野光雅／作	福音館書店	P128
小学校1～2年	スーホの白い馬	大塚勇三／再話 赤羽末吉／画	福音館書店	P129
小学校1～2年	モチモチの木	斎藤隆介／作 滝平二郎／絵	岩崎書店	P129
小学校1～2年	びゅんびゅんごまがまわったら	作／宮川ひろ 絵／林 明子	童心社	P129
小学校1～2年	サンタクロースって ほんとに いるの?	てるおか いつこ／文 すぎうら はんも／絵	福音館書店	P129

編　者
福沢　周亮　　聖徳大学名誉教授
藪中　征代　　聖徳大学大学院教授

著　者
三木みな子　　元公立幼稚園教諭
村田　光子　　元公立幼稚園園長
藪中　征代　　聖徳大学大学院教授
吉田佐治子　　摂南大学教授

100冊の絵本と親子の3000日

2014年7月31日　初版第1刷発行
2015年5月25日　初版第2刷発行

編　者　福沢周亮
　　　　藪中征代
著　者　三木みな子　村田光子
　　　　藪中征代　　吉田佐治子
発行者　小林一光
発行所　教育出版株式会社
　　　　〒101-0051　東京都千代田区神田神保町2-10
　　　　TEL 03-3238-6965 ／ FAX 03-3238-6999
　　　　URL http://www.kyoiku-shuppan.co.jp

装丁・DTP　ユニット
印刷・製本　三美印刷

ISBN978-4-316-80331-9　C0037